La transition économique en Tunisie

Perspectives stratégiques
Collection dirigée par Camille Grand

La Fondation pour la recherche stratégique (FRS) a pour objet de développer le débat et les recherches stratégiques en France et de faire rayonner la pensée française en matière de politique de défense et de sécurité. Ses travaux englobent les dimensions les plus variées relatives à la défense (questions militaires, technologiques, mais aussi touchant au terrorisme et aux nouvelles menaces). Disposant d'une équipe de recherche du plus haut niveau, elle s'appuie aussi sur un réseau de chercheurs étrangers dont elle cherche à faire connaître les travaux. La collection *perspectives stratégiques* est héritière de l'activité des centres de recherche dont la fusion en 1998 a concouru à la création de la FRS.

Déjà parus

P. BECKOUCHE, Z. LUÇON, A. TAITHE, *L'eau en Méditerranée : fonder une stratégie commune. Services de l'eau, climat et sécurité*, 2010.
François BARLIER (coord.), *Galileo. Un enjeu stratégique, scientifique et technique*, 2007.
Jean-Jacques PARTY, *L'ombre déchirée, la puissance aérienne contre la terreur*, 2007.
Jean-François DAGUZAN et Hélène MASSON, *L'intelligence économique. Quelles perspectives ?*, 2004.

Sous la direction de
Mohamed HADDAR
et Jean-Yves MOISSERON

La transition économique en Tunisie

Réflexions à partir des expériences internationales d'Amérique latine, d'Europe du Sud, d'Europe centrale et de l'Est

L'Harmattan

5-7, rue de l'École-Polytechnique ; 75005 Paris

http://www.librairieharmattan.com
diffusion.harmattan@wanadoo.fr
harmattan1@wanadoo.fr

ISBN : 978-2-296-99324-2
EAN : 9782296993242

Remerciements

Faire des livres ayant une ambition académique sur des transformations en cours présente bien des périls : celui tout d'abord de ne pas avoir le recul scientifique nécessaire – la fameuse « rupture épistémologique » – vis-à-vis de l'événement, celui de l'obsolescence ensuite, car le temps des transformations est plus rapide que le temps même de la fabrication d'un livre.
Sans l'énergie qu'a investie l'Association des Économistes Tunisiens dans le projet de colloque, qui a réuni plus d'une centaine de participants en mai 2011, sans le soutien de l'Institut de Recherche pour le Développement, de la Fondation Hans Seidel, de la Délégation Européenne en Tunisie, du Collège International des Sciences du Territoire, sans la participation de plusieurs ambassades, notre rencontre n'aurait pas eu lieu.
Mais il ne suffit pas de se rencontrer. Encore faut-il mettre au propre des interventions dont nous avons voulu garder la spontanéité et, disons-le, l'enthousiasme. Ce fut la tâche ingrate mais essentielle de Marie Gérin.
Enfin, la Fondation pour la Recherche Stratégique, en la personne de Jean-François Daguzan, Isabelle Facon et Marylène Pion, qui ont assuré le travail éditorial.
Que tous ceux qui ont ainsi contribué à ce témoignage de l'Histoire en marche et à la compréhension de ces événements décisifs soient ici remerciés.

Mohamed Haddar, Jean-Yves Moisseron

Table des matières

INTRODUCTION

JEAN-YVES MOISSERON, MOHAMED HADDAR

Toute période de révolution porte une part de surprise et d'incompréhension. Ce que l'on nomme « printemps arabe » n'échappe pas à ce constat. Même si de nombreuses analyses avaient largement montré non seulement les blocages économiques, politiques et sociaux des pays arabes mais également le caractère socialement insoutenable de la situation de ces pays, personne ne pouvait prévoir la date de l'explosion, ni même la rapidité du départ des présidents Ben Ali et Hosny Moubarak. En quelques semaines seulement, les Tunisiens et les Égyptiens se sont débarrassés de leurs dirigeants que l'on croyait plus ou moins inamovibles.

Notre incapacité à anticiper ces révolutions brusques et soudaines renvoie à celle qui fut de même nature lors de l'effondrement du mur de Berlin et nous devons en tirer une leçon d'humilité : nous ne disposons pas des outils conceptuels et intellectuels pour comprendre en profondeur les mutations soudaines des sociétés humaines à des moments charnières de leur histoire. Ce n'est qu'après un temps assez long, après un travail de construction théorique, de confrontations analytiques et de vérifications empiriques que se dessinent progressivement des théories interprétatives d'ensemble qui donnent sens aux événements. Ajoutons que même longtemps après les faits, ces théories ne font pas consensus et qu'elles sont toujours l'objet de controverses ou susceptibles de réinterprétation. Il suffit de voir, pour ce qui nous concerne, les discussions autour de la « transitologie » qui portent fondamentalement sur la question de savoir si les mutations observées au cours de ce siècle en direction de l'économie de marché et de la démocratie sont le fait d'une logique historique déterminée ou si, au contraire, il est impossible de donner à l'Histoire une direction donnée. Ce débat, naturellement, concerne aussi le monde arabe dans ses transformations actuelles. On doit faire un usage prudent du mot « transition », que l'on utilise ici avec prudence et sans l'inscrire dans le courant de la transitologie. La plupart des auteurs qui s'expriment ici utilisent ce mot sans lui donner de contenu conceptuel autre que celui de mutation et de transformation.

Nous sommes donc largement ignorants des logiques socio-historiques en cours dans le monde arabe et incapables d'en prévoir le déroulement. Comme dans la période post-socialiste, les analyses que l'on peut faire aujourd'hui ainsi que les questions débattues paraîtront peut-être secondaires dans quelques années. Il en fut ainsi de l'importance accordée au rythme des transformations à l'Est : le fait de savoir s'il fallait plutôt une « thérapie de choc » ou une approche gradualiste dans la transition vers l'économie de marché. Aujourd'hui, une attention particulière se concentre sur l'aspect formel de la démocratisation. Comment choisir un mode de scrutin juste pour l'élection d'une assemblée constituante ? Quel choix sera fait pour le régime politique : parlementaire ou présidentiel ? Comment établir des listes électorales ? La démocratie ne se réduit évidemment pas aux règles formelles qui l'instituent. Elle repose aussi sur les institutions médiatrices, qui permettent de construire, de gérer et d'harmoniser les rapports de forces. On se désintéresse de l'économie, qui reste une préoccupation secondaire pour les partis politiques tunisiens, alors que le redémarrage économique, l'atténuation des déséquilibres régionaux, le retour rapide des touristes pourraient constituer des éléments aussi importants dans la réussite des processus en cours. Nous ne savons pas encore hiérarchiser les déterminations essentielles des transformations en cours. Elles font l'objet de controverses et de polémiques.

La période actuelle est donc féconde sur le plan de la construction conceptuelle et passionnante pour les chercheurs qui s'intéressent au monde arabe. Mais l'effervescence actuelle est en même temps contraire au temps long que nécessite l'analyse historique. D'où l'étrange compromis que représentent cet ouvrage et sa forme particulière.

On lira ici des communications orales qui ont été faites lors d'un colloque organisé par l'Association des Économistes Tunisiens (ASECTU) avec le soutien de l'Institut de Recherche pour le Développement les 2 et 3 mai 2011, à Tunis, et qui s'intitulait : « Transition économique et politique en Tunisie, réflexions à partir des expériences internationales ». Notre but était de réunir des chercheurs de plusieurs disciplines de Sciences Sociales : économistes, politologues, sociologues, historiens, capables d'apporter des éclairages sur les mutations tunisiennes, à partir des expériences historiques des autres « transitions », en Europe, en Amérique latine et dans les pays de l'Est. Est-il possible et pertinent d'interpréter ce qui se passe dans le monde arabe comme une « vague démocratique » qui suit chronologiquement les vagues antérieures et dont les significations pourraient se rattacher à ces précédents historiques ? Peut-on dégager des leçons de ces expériences, pourtant historiquement et spatialement différentes ? Quels types de généralisation pourraient être dégagés afin de nous faire progresser dans la compréhension des mutations des sociétés humaines ? Ces mouvements s'inscrivent-ils dans une logique historique articulant mondialisation capitaliste, modernité, démocratie et transition démographique ? Ou au contraire ne faut-il voir que des singularités historiques, y compris même entre des pays arabes très différents les uns des autres ? Voilà les questions qui étaient posées aux intervenants.

Nous avons tenté d'obtenir des auteurs des textes aboutis sur les réflexions engagées. Nous nous sommes vite trouvés devant un choix : soit nous attendions de longs mois (de longues années ?) pour obtenir des intervenants des textes construits selon les règles formelles de la littérature académique, soit nous publiions les interventions à la façon d'actes de colloque, principalement fondés sur les interventions orales des participants. Ce n'est pas seulement la volonté de restituer rapidement nos travaux qui nous a conduits à choisir la deuxième forme. Nous voulions également restituer cette part d'effervescence, de spontanéité et d'enthousiasme liée à toute période révolutionnaire. De nombreuses questions ou commentaires émanant de la salle méritaient d'être mentionnés. De nombreuses voies de recherche sont abordées au détour d'une intervention. Il aurait été dommage de ne pas les retrouver dans ce verbatim.

Une dernière considération était aussi d'importance : la parution de cet ouvrage coïncide avec la première élection démocratique de la Tunisie nouvelle. L'assemblée constituante, qui a donné la majorité aux islamistes d'Ennahda, devra reconstruire la Tunisie sur la base de nouvelles règles. Mais les partis politiques devront aussi s'intéresser de façon beaucoup plus importante aux conditions économiques de la transition. Nous espérons que cet ouvrage, qui se veut un témoignage daté d'une période historique décisive pour la Tunisie, puisse y contribuer, même modestement.

PREMIÈRE SESSION

TUNISIE : QUELLE TRANSITION ÉCONOMIQUE ?

Je commence par vous remercier d'avoir accepté cette invitation. Mes remerciements vont tout d'abord aux personnes qui viennent de l'étranger. Chers invités, après avoir enregistré un taux de croissance de 5 %, nous risquons aujourd'hui de voir notre situation économique se détériorer. Les partis qui gagneront les prochaines élections auront donc une tâche très difficile. Ceci explique que le gouvernement provisoire, les partis politiques et les intellectuels doivent se libérer de leur attentisme et de leurs petits calculs. Le peuple a consenti de lourds sacrifices, le peuple leur a offert une révolution inattendue, ils ont donc la lourde responsabilité historique de réussir cette transition démocratique et de la consolider. (Mohamed Haddar)

MODERATEUR : ADRIANUS KOETSENRUJTER
Ambassadeur et chef de Délégation de l'UE en Tunisie

Il y a effectivement une transition économique, mais nous parlons beaucoup plus de transition politique et démocratique puisque dans deux mois il y aura les élections. L'économie, sur la base de cette démocratie, a besoin de s'adapter. Cela n'est donc pas pour rien que nous commençons par ce sujet, que nous abordons le thème du développement régional, mais également celui des expériences européennes. Nous passons par une conjoncture qui, bien sûr, est actuellement mauvaise, qui a souffert de certains autres facteurs, et nous pouvons voir comment cette économie s'était développée dans le tourisme, dans les services en général, mais aussi dans l'agriculture, et plus généralement comment le libéralisme nous a donné, en Tunisie, le niveau de prospérité qui a permis et même incité cette révolution.

UNE NOUVELLE ORIENTATION SUR LE DEVELOPPEMENT REGIONAL EN TUNISIE

ABDERRAZAK ZOUARI
Ministre du Développement régional

Mesdames, Messieurs, chers collègues, chers amis.

Que c'est bon de se retrouver entre universitaires, parce que je ne sais pas si vous vous en rendez compte mais on fait le plus beau métier du monde. C'est maintenant que je m'en rends compte. Je voudrais saluer particulièrement mon professeur Pierre Salama, dont j'ai été l'étudiant-docteur en 1973. Je voudrais commencer mon intervention par vous dire combien je suis heureux d'être parmi vous dans un séminaire sur la transition économique. Dans la transition, je suis universitaire et j'ai été professeur pendant 35 ans avant d'être à la tête de ce ministère combien important.

Je suis passé par trois étapes. La première était une prise de conscience, parce que j'avais fait mon autocritique publiquement et que je me rendais compte que nous, économistes, ces trente dernières années, nous nous sommes beaucoup intéressés aux problèmes des politiques économiques, aux ajustements structurels, à la croissance endogène. Je me rends compte que nous étions un peu loin de la réalité. Il y avait réellement des problèmes économiques. Les zones régionales du gouvernorat de l'intérieur étaient totalement absentes du développement et je crois que la première étape fut cette prise de conscience. Il fut très douloureux pour moi de découvrir comment certains citoyens tunisiens, qui sont à des centaines de kilomètres de Tunis, vivent encore comme il y a deux siècles.

La deuxième étape de mon travail, en tant que ministre, a été d'élaborer un plan d'urgence. Oh combien insuffisant ! Mais il fallait le faire. Il y a eu beaucoup de critiques d'ailleurs. Le professeur Haddar, dans la presse, a critiqué mon plan d'urgence, critiques que je partage, mais il fallait le faire parce qu'un plan d'urgence était nécessaire pour faire en sorte de corriger quelques déséquilibres que nous avons trouvés dans le budget 2011. Le budget 2011 a été préparé en 2010 par l'ancien pouvoir. J'ai découvert beaucoup d'aberrations dans ce budget, qui est de 4 000 millions de dinars, dont 1 231 millions de dinars répartis sur toutes les régions, sur les 24 gouvernorats. Le reste était des crédits qui allaient à des ministères et donc, nous n'avions aucune idée de la répartition régionale des fonds d'investissements. Par ailleurs, sur ces 1 231 millions de dinars, j'ai trouvé que 82 % étaient consacrés aux dix gouvernorats de la côte et 14 % aux gouvernorats de l'intérieur. C'était donc une seconde aberration, il fallait faire un plan d'urgence. Le plan d'urgence s'articule autour de quatre idées fortes. La première est un soutien à l'économie parce que nous nous attendons à ce que le taux de croissance cette année soit très faible, donc nous avons pris des mesures de relance. La deuxième concerne l'emploi avec un programme de création d'emplois dirigé par le ministère de l'Emploi et de la Formation professionnelle. La troisième vise les actions sociales. Enfin, la quatrième se focalise sur le développement régional. J'ai eu la possibilité d'avoir un budget complémentaire de 251 millions de dinars, ce qui n'est pas très important, mais avec ces 251 millions de dinars, j'ai pu corriger la répartition qui était programmée dans le budget de 2011 en les ajoutant aux 1 231 millions de dinars.

Troisième point, et c'est le plus important, il ne faut pas oublier que nous sommes un gouvernement provisoire jusqu'au 25 juillet, normalement, donc nous n'aurons probablement pas le temps de réaliser beaucoup de choses. Mais nous avons le temps au moins de réfléchir sur le développement régional. Par ailleurs, je me suis rendu compte qu'en Tunisie il n'y avait aucune vision d'une politique quelconque de développement régional. Quand je reçois des amis et que je pose la question sur ce qu'est le développement régional, j'ai autant de réponses que de personnes. Donc, à mon avis, mon rôle, le rôle de ce ministère, mis à part le plan d'urgence, c'est de réfléchir sur la politique de développement régional et de laisser au gouvernement qui sera élu au moins une réflexion qu'il pourra utiliser ou non. Mais notre rôle dans cette période de transition - et c'est une contribution très importante -, c'est de réfléchir sur la politique de développement régional. De plus, réussir une transition économique et démocratique après des décennies de régime autocratique est une tâche difficile mais c'est véritablement une opportunité pour notre pays. Généralement une transition a un coût. L'économie doit supporter ces coûts. Des coûts en matière de taux de croissance, de perte d'emplois. Le taux de chômage paradoxalement va probablement augmenter cette année. Mais il faut penser, se rendre compte, que les bénéfices qui sont attendus par cette transition seront largement supérieurs aux coûts que nous sommes en train de supporter. Ces coûts sont liés au vide politique, institutionnel, sécuritaire survenu après la chute de la dictature. Ils ont entraîné la baisse de l'investissement domestique, une baisse de l'investissement étranger, une réduction de la production nationale et une baisse de la confiance. Aussi, les bénéfices qui seront liés à la bonne gouvernance vont assurer nécessairement une croissance future plus élevée.

Vous le savez, il y a eu des études qui ont montré que l'effet positif d'une bonne gouvernance est estimé à 1,5 - 2,5 % de croissance. En effet, je crois, et beaucoup d'entre vous partagent cette croyance, que la bonne gouvernance est un gisement de croissance économique encore inexploité en Tunisie jusqu'à maintenant. La Tunisie souffre d'un gap institutionnel au niveau de la participation de la société civile et de la responsabilisation des pouvoirs publics, qui ne rendent pas de compte. Comme vous le savez, la bonne gouvernance est nécessaire parce qu'une politique publique n'est efficace que si elle a un impact réel sur la population.

Les politiques publiques ne sont efficaces que si le citoyen, quelles que soient sa classe sociale, sa région, peut sentir l'effet de ces politiques publiques. Or, l'État tunisien a consacré 34 millions de dinars sur 20 ans pour le développement régional. Et quand j'ai visité les régions de l'intérieur, je me suis rendu compte que l'effet sur la population est totalement nul. Or, pour moi, lorsqu'une politique publique consacre autant de moyens financiers sans effet, c'est qu'il y a un problème de gouvernance. En tant que responsable du développement régional, notre ministère a donc pour mission, dans cette période transitoire, d'établir et d'appliquer les modes de bonne gouvernance au niveau régional et au niveau local. Dans cette optique, la politique régionale vise à renforcer l'effort démocratique de participation des citoyens aux politiques de développement afin de décider de leurs propres conditions de vie, de contribuer à bâtir une société civile démocratique, de déconcentrer le pouvoir de l'État et de réformer l'organisation administrative territoriale pour mettre en place des institutions régionales solides, capables de prendre en charge leurs missions, notamment en matière de développement régional.

Jusqu'à présent, le plan de développement était décidé à Tunis sur le plan macro-économique mais il n'y avait absolument aucun schéma de développement au niveau des régions. Il y a eu une tentative de schéma de développement du Grand Tunis et une tentative de schéma de développement du Grand Sfax, mais à part ces deux exceptions il n'y a pas eu de schéma de développement des régions. La politique de développement régional a été une politique top-down, c'est-à-dire décidée par les différents ministères. Comme chaque ministère disposait de son propre budget et de sa propre politique régionale, aucune cohérence ne pouvait être atteinte. Ce que nous proposons de faire, c'est de renverser cette approche et de faire en sorte que dans chaque région il y ait une véritable décentralisation. Il est nécessaire qu'il y ait une véritable réflexion sur le schéma de développement de chaque région qui remonte de la région vers le gouvernement. Le rôle du gouvernement est de chercher les moyens financiers et d'assurer la cohérence globale entre les différents schémas de développement. Mais cela suppose une véritable décentralisation, c'est-à-dire qu'il y ait dans les régions des conseils régionaux de développement élus démocratiquement et capables de réfléchir sur la situation de la région, de faire en sorte que les potentialités de la région soient exploitées. En outre, nous devons être aussi à l'écoute des régions de l'intérieur, qui ont été trop souvent privées des fruits de la croissance, ceci en favorisant une discrimination positive pour assurer la convergence régionale en termes de niveau de vie et d'indicateurs de qualité de vie. Je constate un énorme problème en Tunisie, c'est le manque de statistiques régionales, car il y a absence totale d'indicateurs régionaux. Nous ne pouvons pas faire une politique de développement régional s'il n'y a pas de statistiques régionales. Dans la transition économique, il faut absolument demander à ce que l'appareil statistique tunisien, l'INS (Institut National de la Statistique), soit une organisation indépendante du gouvernement, c'est quelque chose d'important. Je crois même qu'il faut inscrire cela dans la Constitution, tout comme il y a un débat pour discuter de l'indépendance de la Banque centrale. Probablement il faudra en discuter dans le cadre de ce séminaire. Il faut absolument réfléchir sur ces deux questions. La politique de développement régional doit aussi attirer un maximum d'investissements domestiques et étrangers dans les gouvernorats défavorisés. L'investissement régional doit être important pour provoquer des investissements induits qui sont indispensables au développement de la région. Dans ce sens, l'État a le rôle très important d'améliorer les infrastructures, les voies de communication, de télécommunications, d'adduction d'eau, d'autoroute, de chemin de fer pour pouvoir favoriser le développement dans ces régions, et faire de ces régions des sites attractifs pour l'investissement aussi bien domestique qu'étranger. Et pour cela, je crois qu'il faut absolument mettre en œuvre un fonds d'investissement important, notamment à l'occasion des rencontres de Carthage avec des bailleurs de fonds étrangers le 17 juin, ainsi que lors du sommet du G8, auquel la Tunisie a été invitée.

Nous sommes en train de préparer avec le gouvernement de grands projets structurants qui pourront permettre ces investissements importants. La solution aux problèmes des disparités régionales passe par l'analyse minutieuse du contexte local et la mise en œuvre de politiques adaptées aux caractéristiques de chaque région. Nous proposons trois vagues de mesures.

La première vague vise à uniformiser les règles du jeu pour promouvoir le développement des régions défavorisées. Pour cela nous favoriserons l'accès aux services sociaux et améliorerons le cadre de l'activité économique. Cela permet de réduire les disparités géographiques sans compromettre les gains d'efficience induits par la coopération spatiale. La deuxième vague vise à relier les zones défavorisées qui sont géographiquement proches des zones avancées et qui pourraient profiter de l'effet d'entraînement induit par cette proximité pour combler le retard. Et enfin, une troisième vague de mesures vise à faciliter un développement économique régional en grappe sans recourir à des subventions, elle s'applique aux zones en retard auxquelles les opérateurs privés s'intéressent parce qu'ils les jugent potentiellement compétitives. L'objectif est d'encourager la croissance économique locale pour réduire les disparités régionales.

Dans cette vague de mesures que nous allons proposer mais que le gouvernement provisoire ne pourra mettre en œuvre, l'objectif est que, d'ici le 25 juillet, en faisant appel à toutes les bonnes volontés, on travaille sur ces différentes mesures afin de laisser au gouvernement qui sera élu le soin de les appliquer s'il est d'accord. Cette vague de mesures part du principe que les investissements publics sont plus rentables dans les zones en avance que dans les économies d'agglomération. Les gouvernements s'efforçaient d'attirer les investissements privés dans les zones en retard avec des incitations financières souvent en vain, ces incitations financières doivent être repensées. Aussi je compte sur ce séminaire pour nous apporter quelques recommandations en matière de développement régional et je vous remercie.

MODERATEUR : ADRIANUS KOETSENRUJTER
Ambassadeur et chef de Délégation de l'UE en Tunisie

Je retiens deux mots clés : le développement régional, qui est un élément de la révolution même, et la bonne gouvernance, qui va bien au-delà de la lutte contre la corruption. Il est important d'avoir un espace de confiance, notamment pour les Tunisiens eux-mêmes, pour pouvoir investir leur argent dans les activités économiques. Nous avons vu le manque de statistiques dans les différentes régions. Il faut connaître quelles sont les forces et les faiblesses, afin de savoir de quelle manière agir pour développer, à l'intérieur du pays, des activités économiques. Nous avons beaucoup de grands défis. C'est donc une première esquisse que nous pouvons attendre d'un gouvernement par intérim et nous pouvons espérer que le gouvernement démocratiquement élu reprendra ces analyses et poursuivra ce chemin.

LES DEFIS DE LA TRANSITION ECONOMIQUE EN TUNISIE A LA LUMIERE DE L'EXPERIENCE ROUMAINE

SORIN-MIHAIL TANASESCU
Ambassadeur de la Roumanie en Tunisie

M. le Ministre, cher collègue, MM. les professeurs Haddar et Moisseron.

Je tiens en premier lieu à saluer l'initiative de l'association ASECTU et de l'IRD pour l'organisation de ce débat, qui à mon avis intervient à un moment très favorable et très important. Ces dernières semaines, nous avons assisté à beaucoup de réunions et de débats sur la transition politique, sur la transition juridique, sur la transition des institutions mais je ne me souviens pas avoir vu de débats sur la transition économique. La transition économique est aussi importante que les autres transitions que je viens de mentionner. Cette transition économique, ainsi que l'adoption du cadre légal et l'ensemble des lois dans les domaines politiques qui l'accompagne, durera bien plus longtemps que les autres transitions. Avant de rejoindre le service diplomatique de mon pays, j'ai été chercheur à l'Institut d'Économie Nationale de la Roumanie et j'ai eu l'honneur de participer au groupe d'experts qui a élaboré dans la première moitié de 1990 la première stratégie de transition économique de la Roumanie. Je suis donc heureux que M. Haddar et M. Moisseron m'aient invité à renouer avec mes premières amours qu'en réalité je n'avais jamais quittées. C'est donc en m'appuyant sur cette expérience et avec passion que je vous ferai part de notre expérience et un peu de notre sagesse. Je pense que ce débat est important parce que nous avons vu l'émergence ces dernières semaines de plus de 60 partis politiques. J'essaie de comprendre quelles sont leurs lignes de pensée et leurs objectifs et je vous avouerai que je n'ai que très rarement découvert des idées concernant l'économie tunisienne et la transition économique de la Tunisie et ses défis. En général, j'ai découvert que ces partis sont constitués de juristes ou de personnes qui ont certains intérêts politiques, mais très rarement d'économistes. C'est probablement pour cela que le séminaire devrait attirer l'attention de ces forces politiques sur les questions économiques qui sont très importantes. Je pense aussi que comme la Tunisie a été la pionnière dans le monde arabe de ce processus de transformation qui a commencé le 14 janvier 2011, une transition économique de la Tunisie pourrait inspirer la transition économique d'autres pays arabes. De ce point de vue j'espère que la Tunisie sera pionnière aussi dans ce domaine.

Enfin, je voudrais dire que pendant les quatre derniers mois que j'ai passés en Tunisie, j'ai eu la chance de mieux comprendre et de voir tous les mécanismes de l'économie tunisienne et de visiter presque toutes les régions de la Tunisie. Mes observations sont donc aussi basées sur la connaissance de la Tunisie et pas seulement sur mes lectures. Je voudrais aussi vous faire part de quelques expériences en Europe de l'Est, dans mon exposé, qui sont quelques suggestions et quelques défis pour la transition tunisienne.

En ce qui concerne la transition de l'Europe de l'Est, elle a coïncidé avec l'effondrement d'un système, le système communiste, qui a été condamné par l'Histoire et ne s'est pas montré fiable. Donc, du point de vue du défi historique, des pays de l'Europe de l'Est ont pu réaliser une transition politique, une transition sociale mais aussi une transition économique. L'idéologie du système antérieur s'est révélée incompatible avec les règles d'une économie de marché efficiente et concurrentielle. En premier lieu, cette économie était une économie de commande trop centralisée, trop planifiée. Même pour vendre les meilleurs produits de l'industrie roumaine, par exemple des tracteurs, il fallait avoir l'approbation d'un comité de plan, cela représentait un dirigisme excessif qui n'avait aucun rapport avec l'efficience. En deuxième lieu, l'efficience et la productivité n'étaient pas au centre des décisions politiques. Sur ce point, en Tunisie, dans la période antérieure, c'était aussi le cas. De plus, il faut prendre en considération le fait que les anciens pays de l'Europe de l'Est étaient encadrés dans des formes de coopération régionale et d'intégration régionale dans le Conseil d'entraide mutuelle économique qui s'appelait COMECON. La plupart des échanges économiques extérieurs se réalisaient dans ce cadre. Donc ce n'était pas les règles de l'économie de marché et, notamment, l'ouverture de l'économie ne s'y appliquait pas.

Je vous donne d'autres détails : le commerce extérieur était monopole d'État donc aucun agent économique ne pouvait exporter lui-même ses produits. Il y avait une cinquantaine d'entreprises de commerce extérieur, seules habilitées à faire du commerce extérieur. Il n'y avait donc pas d'investissement étranger, aucune présence du capital étranger, c'était l'image de la situation jusqu'en 1989. Un autre aspect très important au cœur du fondement de la pensée communiste était le rejet de la propriété privée ; par conséquent, tous les biens appartenaient à l'État et en réalité, la propriété privée ne concernait que les biens personnels. Les monnaies n'étaient pas convertibles. Il n'y avait donc pas d'ouverture extérieure, il n'y avait donc pas de politique monétaire. Enfin, concernant la répartition de la richesse dans ces pays, je pense que l'écart entre les plus riches et les moins riches était probablement de 10 à 1. Tous les éléments que je viens de vous présenter étaient des choses à changer au début de la transition. C'est pour cela que nous avons préparé une stratégie de transition. Cela sera probablement un élément utile pour la Tunisie car nous pourrions imaginer un collectif de travail qui prépare une ébauche de proposition de la stratégie de transition économique. Pour nous, l'objectif essentiel fut la création d'une économie de marché fonctionnelle, basée sur la propriété privée, sur la libre initiative des hommes d'affaires et sur la libéralisation des échanges économiques intérieurs et internationaux, ainsi que la réduction, a minima, du rôle de l'État en tant qu'agent économique. Pour la Roumanie, cela a pris beaucoup de temps mais heureusement, la Roumanie avait pour objectif l'adhésion à l'Union européenne. Cette adhésion à l'Union européenne a permis d'identifier les étapes à parcourir pour atteindre un niveau institutionnel permettant un fonctionnement d'une économie de marché. Nous avons dû privatiser toutes les entreprises d'État. Ce fut un processus long et l'État détient encore une partie des capacités de production. Mais, parallèlement, des entreprises sont devenues des sociétés par actions où l'État ne détient qu'une partie limitée. L'efficience et la productivité sont devenues le moteur de la croissance. Un autre élément important, qui peut inspirer la Tunisie, est relatif à la création de toutes les institutions spécifiques pour une économie de marché. Une économie de marché existe et fonctionne à partir des hommes d'affaires, des agents économiques, à partir de ceux qui ont l'initiative. Mais il faut aussi imaginer des institutions spécifiques qui assurent la libre compétition, la concurrence loyale et le respect des règles du jeu. Tous ces objectifs ont été spécifiques aux pays de l'Europe de l'Est mais la doctrine de la transition a fait apparaître deux approches. La première approche est la thérapie de choc. Le pays le plus représentatif de cette thérapie de choc est la Pologne, avec ses économistes éminents qui ont fait cela dans les plus brefs délais, probablement en deux ans. La Roumanie et d'autres pays de l'Europe de l'Est ont une approche graduelle et si nous regardons maintenant la perspective historique, je pense que ce qui est important n'est pas de savoir s'il faut une thérapie de choc ou une approche graduelle mais que les actions et les mesures prises soient cohérentes dans le temps. Parce que vous constaterez vous-mêmes que la rotation politique est inhérente au processus démocratique et que la cohérence de l'approche économique se perd dans le temps. De ce point de vue, à la fin d'une période de plusieurs décennies, le plus important réside dans la consistance de la politique économique et des objectifs, suivis de façon cohérente et de façon continuelle. Il y a aussi un élément important que nous avons observé dans la transition, c'est l'idée d'identifier, dans la multitude d'options politiques, les éléments de consensus national. Seul ce consensus national peut créer des synergies entre les forces politiques et mobiliser les énergies de manière efficiente.

Ma troisième partie sera consacrée à la question : « pourquoi la transition économique en Tunisie ? ». La Tunisie a besoin d'une transition économique car elle a besoin d'une économie de marché fonctionnelle. Il y a eu de très bons résultats dans l'évolution économique de la Tunisie ces dix dernières années. Les résultats positifs sont : un niveau de croissance assez élevé ; une intensification des échanges internationaux ; la présence croissante des investisseurs étrangers dans l'économie de la Tunisie et une main-d'œuvre qualifiée bien formée. Tous ces éléments devraient constituer le capital de la transition économique de la Tunisie. Mais l'économie de la Tunisie n'était pas entièrement une économie de marché fonctionnelle. Je pense qu'il n'y avait pas une liberté totale des hommes d'affaires et des agents économiques et une compétition libre, équitable de tous ces agents. Parfois, il y avait la tentation, pour certaines forces, de s'accaparer les secteurs économiques les plus profitables et les plus porteurs pour empêcher l'existence de la concurrence. C'est ce qui ne devrait pas exister dans une économie fonctionnelle de marché. Parfois ces agissements étaient contraires à la loi, parfois la loi n'existait pas pour combattre ce genre de dérives. Cela doit être corrigé. Comme je l'ai dit, l'efficience de la productivité n'était pas le principal moteur du fonctionnement de l'économie tunisienne. Or chaque nation a besoin d'un cycle continu de croissance basé sur la recherche, sur l'innovation, sur le développement et, dans l'activité de production, d'une mise en œuvre des résultats de ces recherches. Même s'il y a beaucoup d'investisseurs étrangers, la Tunisie a besoin de son propre cycle de recherche et de développement. Je ne pense pas que l'économie tunisienne était fonctionnelle parce qu'il y avait des déséquilibres majeurs dans son économie et cela continue d'exister et risque de continuer pour encore une décennie. Le principal déséquilibre était entre les régions, c'est pourquoi je suis heureux d'avoir écouté l'intervention brillante de M. le Ministre, expert qui connaît très bien ces réalités, et je ne pourrais, mieux que lui, présenter ce déséquilibre. Cette réalité nécessite d'être corrigée par une volonté politique mais aussi par beaucoup de ressources et éventuellement un consensus national pour que la transition économique de la Tunisie soit centrée sur cette idée. Il y a aussi des déséquilibres entre les divers secteurs de l'économie tunisienne et je pense que l'agriculture n'attirait pas assez d'attention, ni assez d'investissements, tout comme certains secteurs de services. Un autre déséquilibre majeur doit être corrigé, à savoir la structure de la main-d'œuvre. A mon avis, il y a trop de diplômés de l'enseignement supérieur. Cependant, il y a un déficit en ce qui concerne les métiers de base, c'est-à-dire qu'on trouve plus de médecins et d'ingénieurs que de plombiers, d'électriciens et de bons chefs de restaurants. Par rapport à la transition qui a eu lieu en Europe de l'Est, la Tunisie ne part pas de zéro, beaucoup d'éléments de l'économie de marché qui y existent. D'autre part, il faudrait davantage penser au marketing car cela est très important pour la production nationale du pays. Même si elle est de bonne qualité, elle doit être promue à l'extérieur. D'après ce que j'ai compris, les Sciences de Gestion et de Management des entreprises et des sociétés doivent être développées. Il faut établir des règles claires en ce qui concerne les statistiques car à mon avis elles sont essentielles. Aussi suis-je complètement d'accord avec Monsieur le Ministre. La statistique devrait être indépendante pour pouvoir informer non seulement le gouvernement, mais aussi l'opinion publique et les forces politiques.

Pour terminer mon propos, je dirai qu'en ce qui concerne l'approche de la transition, graduelle ou de choc, compte tenu de la tradition de la Tunisie, c'est probablement l'approche graduelle qui est la plus adéquate. Il faut cependant être cohérent et ma suggestion serait de voir si, en conclusion du séminaire, il y aurait la possibilité de constituer un groupe de travail pour la préparation d'un document qui serait une stratégie pour la transition de la Tunisie.

MODERATEUR : ADRIANUS KOETSENRUJTER
Ambassadeur et chef de Délégation de l'UE en Tunisie

Je retiens quelques mots. D'abord que l'économie libérale a un rôle important dans l'État de droit afin que les droits soient respectés, qu'il faut de la clarté pour permettre aux hommes d'affaires de développer la concurrence, mais aussi que la recherche et l'innovation doivent être stimulées. Vous parlez aussi des expériences économiques en Roumanie, pays avec de fortes différences entre les plus riches et les plus pauvres. J'ai plusieurs questions : premièrement, dans quelle mesure le niveau de vie en Roumanie a-t-il augmenté avec ce nouveau modèle libéral ? Et deuxièmement dans quelle mesure l'Union européenne est-elle intervenue pour pouvoir arriver à cette cohérence au niveau administratif et au niveau d'une politique économique ?

SORIN-MIHAIL TANASESCU
Ambassadeur de Roumanie en Tunisie

Du point de vue du niveau de vie, il y a une certaine amélioration et dans cette amélioration, il y a surtout un sentiment de liberté, un sentiment de pouvoir participer à la vie politique et publique du pays. Mais l'État s'est délesté en ce qui concerne l'investissement donc la transition économique a été trop ralentie. L'Etat doit créer l'environnement pour une économie de croissance constante dans le pays et cela dépend de la cohérence des politiques extérieures et intérieures. Heureusement, l'adhésion à l'Union européenne constituait un élément fort du consensus national. Cette adhésion à l'Union européenne nous a permis non seulement une cohérence des politiques économiques depuis une quinzaine d'années, mais aussi la création des institutions et des mécanismes spécifiques à une économie de marché. De ce point de vue l'adhésion à l'Union européenne est une garantie pour un cadre d'économie de marché et a permis à la Roumanie de s'épanouir et de profiter de sa liberté politique.

MODERATEUR : ADRIANUS KOETSENRUJTER

Ambassadeur et chef de Délégation de l'UE en Tunisie

Le plus important est donc qu'il n'y ait pas d'oligarchie qui détermine pour les autres ce qui est bien et ce qui ne l'est pas. C'est ce qui est probablement l'acquis le plus important des pays de l'Europe de l'Est et pour d'autres qui sont passés d'une dictature vers la démocratie. Bien sûr pour la Tunisie, il n'y a pas de perspective d'adhésion à l'Union européenne afin de garantir une stabilité administrative, économique et même politique. La reconnaissance de la révolution tunisienne ne suffira pas, il faudra avoir d'autres armes pour pouvoir gérer au mieux les politiques économiques de ce pays.

L'ECONOMIE POLITIQUE DE LA TRANSITION

HAKIM BEN HAMMOUDA
OMC, Genève

Les transitions démocratiques ont fait l'objet d'importantes études et réflexions théoriques. Une tradition de réflexion sur ces questions s'est développée et a été nourrie par les différentes transitions depuis les révolutions des œillets au Portugal et en Grèce en passant par les transitions démocratiques en Amérique latine et en Europe de l'Est après la chute du Mur de Berlin. Cependant, cette tradition a été marquée par la faible présence des études et de la réflexion économiques. La seule réflexion a été développée par la Banque mondiale et le FMI dans le cadre du Consensus de Washington à travers une grande libéralisation et un rôle accru du marché dans la régulation des économies. D'autres disciplines, particulièrement les sciences politiques et juridiques, ont joué un rôle actif dans les débats sur les transitions. L'objectif de cette contribution est de participer à la formation d'une économie politique des transitions en partant du cas de la révolution tunisienne.

Hakim Ben Hammouda, Mohamed Hédi Bchir et Basset Chemingui

M. le Ministre, chers amis, chers collègues, bonjour à tous.

Tout d'abord, une précision liée à mon affiliation institutionnelle : aujourd'hui je ne parle pas au nom de l'OMC, je parle en mon nom, en tant qu'économiste tunisien.

Je voudrais rendre deux hommages. Le premier au nom de tous les économistes, à Mohamed Haddar et à tous les collègues qui ont animé notre association et ont maintenu son indépendance en nous permettant de discuter et de nous réunir librement dans un contexte qui n'était pas facile. Le deuxième, en me joignant à M. l'Ambassadeur pour souhaiter la bienvenue à Pierre Salama et à tous nos collègues étrangers.

Ma présentation, en quatre points, reprend les résultats préliminaires d'une étude que nous avons faite avec mes collègues H. Bchir Mohamed et A. Chemingui Mohamed. Premier point, qui correspond en réalité au point de départ de notre étude, nous constatons que les périodes de transition font toujours l'objet de beaucoup d'études juridiques, institutionnelles et politiques, d'où l'intérêt de cette réunion. Cependant, lorsque nous avons regardé à partir du 14 janvier ce qui se passait, nous nous sommes rendu compte qu'il y avait vraiment très peu d'études économiques sauf - comme l'a mentionné Monsieur l'Ambassadeur - à la fin des années 1980, début des années 1990, les travaux de Jeffrey Sachs sur les transitions économiques et notamment sur les thérapies de choc. Mais je pense qu'aujourd'hui, et Jeffrey Sachs, et l'économie sont revenus de ces modèles de transition économique, tout comme les institutions internationales qui étaient en plein Consensus de Washington, et que la réflexion porte sur d'autres préoccupations. Même si Pierre Salama, ici présent, a travaillé dans les années 1980 sur les transitions en Amérique latine de régimes d'origine autoritaire vers des régimes démocratiques, d'après nos recherches, il ne semble exister que peu de recherches sur les politiques à mettre en œuvre dans des périodes de transition.

Le deuxième point concerne le rapport entre le régime politique et le développement ou, plus précisément, entre le régime autoritaire et le développement. Le premier élément que je développerai montre que les années 1990 ont été celles du consensus autour du modèle chinois. C'est-à-dire que les transformations structurelles exigent finalement des régimes autoritaires forts. Ces arguments à l'époque ne choquaient pas. Les transitions de développement demandaient des mouvements de populations importants, une discipline de travail exemplaire, ce qui était, dans le cercle des économistes, majoritairement admis. Concernant l'autoritarisme dans les périodes de transition économique, je fais référence à la notion d'économie dominante. Ce concept fut admis jusque dans les années 1990, or le modèle chinois et le Consensus de Pékin ont aujourd'hui évolué pour se focaliser sur la science et la technologie, afin d'accroître la productivité. C'était un concept que nous connaissions tous mais que nous n'avons pas suffisamment et énergiquement critiqué : l'idée des régimes forts derrière le développement. Mais depuis les années 2000, il y a un essoufflement de cette hypothèse centrale. Cet essoufflement est basé aussi sur un certain nombre d'études et d'évolutions dont je citerai deux éléments importants. Dans les réflexions économiques menées par les institutions internationales, on commence à se rendre compte que finalement, les régimes autoritaires ont deux énormes problèmes. Au niveau macro-économique, c'est la situation tunisienne d'avant le 14 janvier. Ces six ou sept dernières années correspondent à un essoufflement du potentiel de croissance. À la fin des années 1990, nous étions à 6 ou 7 % de croissance alors que depuis les années 2000 nous n'avons pas dépassé les 5 %. Dès lors, la tendance fut des niveaux de croissance en dessous de 5 % en dépit des engagements d'atteindre les 7 ou 8 %. Le potentiel de croissance ne répond pas, c'est-à-dire que les ressorts de l'économie ne répondent plus. Les études comparatives que nous avons faites avec des collègues sur d'autres régimes autoritaires montrent des tendances assez proches.

Le deuxième élément important, c'est l'essoufflement de l'investissement privé. Durant les cinq ou six dernières années en Amérique latine ou dans d'autres pays, ces types de régimes connaissent tous un essoufflement. Il y a donc un véritable problème de confiance qui s'installe en raison d'un certain nombre de pratiques mafieuses et d'une volonté d'encadrement de l'initiative privée. La conséquence de cet essoufflement de l'investissement privé est une augmentation de l'endettement intérieur et extérieur. Cette tendance observable, aussi, durant les cinq dernières années sur le taux de croissance de l'endettement extérieur, semble devenir de plus en plus importante. À partir du moment où nous avons eu du mal à mobiliser des ressources internes pour financer la croissance et le développement, nous avons eu recours de plus en plus souvent à l'endettement international. De plus, si nous considérons le critère de la fiscalité, nous constatons que ce qui caractérise ces périodes d'essoufflement de ces régimes autoritaires, c'est l'élévation de la fiscalité indirecte par rapport à la fiscalité directe. C'est donc l'impôt direct qui prend le relais.

Le troisième point concerne les questions structurelles. Nous pouvons en observer deux exemples. Les gains de productivité de ces cinq ou six dernières années montrent véritablement un essoufflement, car nous n'investissons plus dans la recherche. Les gains de productivité qui étaient un facteur important dans la dynamique de la croissance deviennent moins conséquents. La croissance devient de plus en plus extensive et de moins en moins intensive. Concernant les transitions sectorielles, cela revient à passer d'un niveau de productivité à un autre et à passer d'un secteur à un autre. Il y a des blocages dans le cas de la Tunisie en dépit des quelques efforts qui ont été réalisés. Les secteurs porteurs restent les secteurs intensifs en main-d'œuvre. Ce sont les éléments caractéristiques des périodes d'essoufflement. C'est la deuxième phase, que l'on appelle la pente descendante dans ce type de configuration politique au niveau de l'économie. Le troisième élément, qui est très important, concerne les périodes de croissance annuelle qui sont plus ou moins douloureuses, plus ou moins fortes, notamment en termes d'emploi.

Il serait faux de dire aujourd'hui que la crise économique provient de la révolution du 14 janvier car les germes étaient là, puisque nous assistions à un essoufflement de ce modèle depuis quelques années même si cela fut aggravé par la transition et principalement avec l'explosion de la demande sociale, l'arrêt des unités de travail et la baisse des investissements directs étrangers et les conséquences sur le tourisme.

Notre travail consiste à réfléchir sur l'après-révolution et sur ce qui pourra être réalisé. D'un point de vue méthodologique, nous avons construit un modèle sur lequel il faut travailler davantage. Par exemple, sur la question de la gouvernance que nous voulons introduire et dont parlait Abderrazak Zouari précédemment, nous devons observer la manière dont elle aura un impact sur l'investissement privé.

Le travail de l'économiste est de faire des prévisions et de donner une indication sur la décision publique. Nous avons donc construit une matrice de l'économie couvrant à peu près 48 secteurs. L'idée est de voir ce qui peut être réalisé dans les scénarios que nous avons testés. Le premier scénario est celui du FMI dans la période d'avant la révolution. Le second scénario est celui de l'après-14 janvier mais sans intervention et sans plan de relance ; il montre ce que sera l'économie si les efforts qui sont faits aujourd'hui, et qui seront renforcés plus tard, ne sont pas faits. Le troisième scénario est un plan de relance qui consiste à doubler la part de l'investissement public par rapport à ce qui était prévu. L'idée est aussi de s'intéresser à la réduction des taxes, et donc de comparer la relance de l'investissement public par rapport à celle de l'investissement privé. Ensuite nous avons couplé les deux, c'est-à-dire une relance publique plus une relance basée sur une réduction des taxes et une concentration des investissements dans le secteur des nouvelles technologies. Le dernier scénario dont nous avons tous parlé, c'est le scénario où le niveau de croissance qu'il faut atteindre est un niveau de croissance de l'économie de 10 %.

Après ces préliminaires j'exposerai trois types de résultats. Le premier type de résultat, c'est le résultat macro-économique sur le PIB, ensuite le résultat sur l'emploi et le troisième résultat concerne les grands équilibres macro-économiques. L'année 2011 sera, quel que soit le scénario, une année compliquée. C'est une année durant laquelle le troisième scénario, c'est-à-dire un programme de relance plus une initiative vers le secteur privé, pourrait nous faire passer de 1 % à 2 % de croissance économique. Ensuite, les véritables effets des plans de relance se feront essentiellement sentir à partir de 2012. Il faut garder à l'esprit que ce n'est qu'à partir de 2013 que l'économie reprendra son rythme de croisière. Voici quelques indications sur l'emploi. Le scénario trois aura un effet, dès 2011, sur l'emploi des non diplômés. Il est important d'ausculter le dernier scénario, celui que nous appelons le Plan Marshall, et dont nous attendons un effet très important, spécialement sur l'emploi des non diplômés et sur l'emploi des diplômés.

Pour conclure, je reviendrai sur l'idée que l'année 2011 sera difficile et que les années d'après le seront encore plus sans un véritable programme et un effort de relance. Le scénario plan Marshall sera celui qui aura le plus d'effet en termes d'emploi et de croissance. Il y a donc une nécessité de poursuivre la gestion des grands équilibres, parce que ces scénarios ont aussi des effets sur l'économie.

MODERATEUR : ADRIANUS KOETSENRUJTER
Ambassadeur et chef de Délégation de l'UE en Tunisie

Bien entendu, dans les différents scénarios, il faut surtout éviter celui où le secteur public s'endette énormément avec la baisse des taxes et l'augmentation de ses propres investissements et autres dépenses. Je voudrais donc attirer l'attention sur les limites de l'État même dans une économie de marché. Créer de la croissance n'est pas réellement le rôle de l'État en direct, mais plutôt celui des investisseurs, c'est-à-dire ceux qui fournissent leur argent et ont des idées pour activer la production.

LE MIRACLE TUNISIEN

AHMED MESTIRI
Ambassadeur et ancien Ministre

Vous permettrez certainement l'intrusion du juriste et de l'homme politique dans ce débat entre économistes et sociologues distingués. Ce débat ne peut se dérouler sainement que si on ne perd pas de vue le contexte, or le contexte, malheureusement, ne peut être que politique et sociologique. J'ai intitulé cet exposé le miracle tunisien. Ce n'est peut-être pas tout à fait adapté ici parce qu'il nous rappelle que ce terme a été utilisé en d'autres circonstances et en d'autres lieux dans un passé récent pour définir et donner un attribut à certains régimes de dictature qui ne sont pas près de disparaître de l'histoire. Mais je le préfère de beaucoup à celui de révolution de jasmin.

Je voudrais insister sur le mot miracle et non sur l'idée de rêve attendu, parce que la révolution a éclaté à un moment et d'une façon que personne ne pouvait imaginer. Elle a surpris tout le monde, elle a surpris le jeune innocent Ahmed Bouhazizi, le tyran Ben Ali qui a fini par admettre son échec et s'enfuir, ainsi que tous les détenteurs de l'autorité à tous les niveaux, y compris les services de renseignement. La révolution a surpris aussi la société civile dans toutes ses composantes, y compris les secteurs organisés qui n'avaient pas échappé à l'emprise du régime totalitaire. La révolution a aussi surpris la communauté des observateurs étrangers, les diplomates et les services de renseignement et elle a probablement troublé les données emmagasinées dans les ordinateurs géants des grandes puissances. En particulier suite à la contagion qui a parcouru l'Égypte et la Libye et peut-être d'autres pays du Moyen-Orient. Les réactions à l'intérieur et à l'extérieur du pays étaient improvisées et n'ont pas tardé à échapper au contrôle des deux parties pour provoquer des réactions anarchiques.

Des militants syndicaux et des avocats au niveau local et régional se sont lancés pour soutenir les manifestants et les encadrer, ils ont été rejoints par des militants des partis d'opposition et ceux de la ligue de défense des droits de l'Homme. C'est alors qu'ils ont été accueillis par les forces de l'ordre avec des bombes lacrymogènes, par la force et par les armes. Le sang a coulé, et de nombreuses victimes sont donc tombées par dizaines. L'armée est alors intervenue pour protéger les citoyens. On pourrait penser que les partisans de la révolution au sein du pouvoir et en dehors allaient saisir l'occasion des troubles survenus dans les rangs des contre-révolutionnaires pour prendre sans tarder des initiatives et occuper le terrain.

Malheureusement les choses ont pris un autre cours et les responsables de cette dérive se trouvent être des partisans sincères de la révolution qui sont nombreux au sein de la société civile. Mon reproche s'adresse à nous tous, à cause de nos hésitations et atermoiements à faire face résolument à la situation. Il n'était donc pas étonnant de voir les ennemis de la révolution, pour utiliser un terme que les historiens connaissent parfaitement, à l'intérieur et à l'extérieur du pouvoir, apparaître sur le devant de la scène et pour certains d'entre eux monter des cabales et intriguer derrière les rideaux. Je pense qu'il aurait fallu garder le cap sur la bonne direction dès le départ en coupant radicalement les ponts avec l'ancien régime et en se fixant pour but d'organiser l'élection de l'assemblée constituante avant de donner la parole au peuple et démanteler définitivement le mécanisme qui a permis l'installation de la dictature dans notre pays.

Mais cela ne pouvait être... Le paysage médiatique était saturé par les semeurs de discorde de tous bords, pour occuper le peuple avec des problèmes dérisoires et l'éloigner des questions de fond en faisant remonter les querelles insignifiantes et dépassées sur lesquelles est tombé, depuis longtemps, le rideau de l'oubli, telles que le débat stérile sur la laïcité ou l'attitude à adopter entre tradition et modernité. Cela alors que la base de l'ancien régime n'a pas été brûlée, et que nous n'avons pas encore posé les bases d'un régime démocratique réclamé par l'ensemble des forces vives de la nation en particulier la jeunesse, constituée d'hommes et de femmes pleins d'énergie qui aspirent avec sincérité à un avenir meilleur pour notre pays.

Pourtant la Tunisie a connu une expérience analogue, celle de la transition entre le régime du protectorat français et le régime de l'autonomie interne, puis celui de son indépendance totale. La Tunisie a été marquée par la promulgation de lois et de décrets sur l'organisation provisoire du pouvoir public. Il aurait fallu profiter de cette expérience pour la réalisation des objectifs de notre révolution.

Nous avons été agréablement surpris de l'arrivée en masse, au lendemain de la révolution, d'hommes d'État, d'économistes, de sociologues de tous les continents venant examiner à la loupe cette expérience unique. Il ne me revient pas, à l'esprit, qu'il y ait eu dans l'histoire contemporaine des circonstances où les événements en cascade s'accumulent et où tout le monde est pris au dépourvu. Je me souviens que, jeune ambassadeur à Moscou, envoyé par Bourguiba, invité à Varsovie et à Prague, j'ai rencontré des diplomates de très haut niveau que l'Europe occidentale avait envoyés à Moscou. J'ai donc vécu en plein l'expérience d'un régime, pas seulement marxiste, mais surtout de parti unique, d'une dictature qui non seulement mettait la main sur les institutions publiques, sur les entreprises publiques et réglait le quotidien de l'individu du matin au soir, mais, même, se permettait d'intervenir dans une discussion scientifique sur la biologie. J'ai vu des citoyens soviétiques faire la queue devant un magasin pour acheter des mandarines tunisiennes, j'ai essayé de comparer le Goum de Moscou avec le marché central de Varsovie et j'ai découvert que ce pays était un paradis en comparaison.

Ce qui m'avait frappé à l'époque, c'était que le peuple soviétique, qui sortait d'une guerre qui avait fait 20 millions de morts, supporté Staline pendant des années, pouvait endurer encore cela. Mes collègues me répondaient alors que cela ne pouvait pas venir de l'intérieur. Or, cela est venu de l'intérieur, lorsque le Mur est tombé. M. Mitterrand, président de la République, a cru jusqu'à la dernière minute que c'était un orage qui allait passer.

Mes collègues me disaient que ce régime allait durer car il y avait un équilibre de la terreur et, lorsque cela s'est produit, lorsque le Mur de Berlin s'est écroulé sous la pression d'une foule impatiente, tout le monde a été pris au dépourvu. La leçon que je voudrais en tirer, c'est qu'il y a parfois dans l'histoire des phénomènes que personne ne pouvait imaginer. Je reviens à la Tunisie, pour dire que pendant des années, les chancelleries, les dirigeants, les grands journalistes et des experts du Fonds Monétaire International « pondaient » des rapports qui célébraient le miracle tunisien. En Égypte également, personne ne pensait qu'une jeunesse pouvait un jour se soulever et revenir sur la scène de l'Histoire en prenant les choses en main. Je vous invite à revoir les commentaires du *New York Times*, du *Monde*, du FMI sur la nécessité de la stabilité. Une stabilité qui existait parce qu'il y avait un régime de plomb qui pesait sur les hommes et les femmes. Ce sont les jeunes Tunisiens qui ont soulevé le couvercle et fini par faire éclater le tonneau de la dictature. Messieurs, je vous en prie, revoyez vos textes. Notamment lorsque je parlais des données emmagasinées dans les ordinateurs géants des grandes puissances, je faisais en cela allusion à vos approches et à vos analyses précédentes.

QUELLES PISTES DE REFLEXION POUR UNE TRANSITION ECONOMIQUE POUR LA TUNISIE DEMOCRATIQUE ?

MOHAMED HADDAR
Président ASECTU

Les organisations internationales ont longtemps présenté le modèle économique tunisien comme un exemple de réussite en raison notamment d'un taux de croissance annuel moyen de 5 % durant les deux dernières décennies. En dépit de cela, le pays a besoin d'une transition économique. Quatre raisons justifient la nécessité de cette transition : la croissance est relativement faible par rapport à d'autres pays ; l'économie demeure fragile ; l'emploi, particulièrement des jeunes diplômés, est inquiétant et les déséquilibres régionaux sont préoccupants. Face à ces défis, quelle transition économique est possible et souhaitable ? L'objectif, à terme, est de passer d'une économie de corruption et de sous-traitance banalisée à une économie développée, de création et d'innovation. Deux séries d'actions sont à envisager : des actions urgentes et des réformes structurelles à moyen terme.

Mon intervention a pour but de répondre à deux questions. Premièrement ; pourquoi faut-il un nouveau modèle de développement, et en second lieu, je poserai une question concernant le type de ce modèle. Je donnerai seulement quelques pistes pour cela. Beaucoup ont parlé de miracle, mais je parlerai de bons résultats, de taux de croissance élevés, d'un accroissement du revenu moyen qui ont fait en grande partie la légitimité du régime de Ben Ali. Les organisations internationales, qui avaient retenu cela, présentaient le modèle tunisien comme un modèle de réussite à suivre. Pourquoi alors un nouveau modèle ? Pour cela j'avance cinq arguments. D'abord, je reviens sur la question évoquée précédemment concernant les données macro-économiques. Les données avancées, sur lesquelles le régime a fondé sa légitimité, cachaient une partie de la réalité. Si on regarde les documents officiels et les discours des anciens responsables de l'économie, nous observons seulement des données sur les taux de croissance, d'endettement, de maîtrise budgétaire et de maîtrise de l'inflation. Le reste a été dissimulé car l'information aurait révélé la face cachée de la réalité. Et d'ailleurs, cela convient parfaitement aux instances internationales parce qu'elles ne s'occupaient et ne s'intéressaient qu'à ces aspects-là. Les deux intérêts convergeaient donc.

Par ailleurs, l'économie a été gangrenée par la corruption, nous avons découvert beaucoup de choses à propos d'une corruption institutionnalisée - mais nous ne disserterons pas sur cette question. Nous disons simplement que la corruption a étouffé l'économie, car la corruption induit un déficit d'investissement privé et un secteur privé peu dynamique et innovant. Comparativement à d'autres expériences, nous avons un secteur qui a produit de la croissance et de l'emploi, mais avec une logique et une stratégie de compression des coûts. Ce qui revient à recourir à une main-d'œuvre banalisée, en empêchant l'économie de créer des emplois qualifiés pour une jeunesse dynamique, éduquée et ambitieuse.

La corruption touchait particulièrement les pauvres, à cause des déficiences du service public. Il y a 157 000 diplômés du supérieur qui sont au chômage selon le dernier recensement de 2010 et ce chiffre est amené à augmenter. Nous avons une économie fragile et donc le type de développement que nous subissons ne peut pas absorber cette main-d'œuvre qualifiée et ne peut pas contribuer au développement régional. Devant ce constat, je crois qu'il faut changer de modèle de développement. Il est vrai que l'économie a ses exigences d'efficacité, de compétitivité, de productivité et d'efficience mais je dirais que dans le contexte difficile, il y a deux types d'action à mener. Une première dans le court terme et une seconde dans le long terme. Dans un premier temps, le gouvernement provisoire doit être assez clair et investi mais c'est une question qui nous concerne tous, partis politiques, en premier lieu, et élites, en second lieu. Sans programmes économiques de relance, les partis politiques se trouveront devant d'énormes difficultés après les élections. La relance est une question difficile qui demande du temps et des sacrifices.

Dans ce sens je propose deux pistes. La première concerne le développement régional. La dignité d'une personne commence avec un logement, avec l'eau courante et l'électricité. Je ne veux pas attendre que l'on modifie la loi fin mai, nous aurions dû commencer dès aujourd'hui, car dans la loi il est prévu environ 1 000 millions de dinars à consacrer aux dépenses imprévues. Or, la révolution était imprévue. Consacrer cette somme à des logements décents est donc possible. J'ai donc fait un petit calcul et cela représente 60 000 logements. Si nous considérons que ces familles sont des familles nombreuses dont la moyenne est de six personnes, cela correspond à 360 000 personnes. Plus que cela, c'est un projet qui créerait une dynamique qui mobiliserait des architectes, des maçons, des tâcherons, des menuisiers, etc. Nous savons que lorsque le secteur du bâtiment est prospère le reste de l'économie l'est aussi.

Ma deuxième proposition s'adresse notamment à M. l'Ambassadeur. Elle est relative à la dette extérieure de la Tunisie. Je sais que les Tunisiens honorent leurs dettes, aussi nous ne vous demanderons pas d'annuler notre dette ni de la rééchelonner mais nous pourrions vous demander de convertir le service de la dette publique en projets de développement. C'est un mécanisme qui existe et est appliqué dans d'autres pays. Cela consiste à s'accorder sur le fait qu'au lieu de vous payer, par exemple, les 450 millions d'euros que nous avons payés en avril, nous consacrerions cet argent et peut-être plus à des projets que nous déterminerions ensemble. Vous avez investi des milliards de dollars que vous avez perdus en Afghanistan et en Irak pour restaurer la démocratie et vous n'avez pas réussi. La Tunisie fait une révolution et aspire à la démocratie. Je pense donc que ce projet doit être examiné avec attention. Plusieurs pays ont proposé des Plans Marshall, pourquoi ne pas convertir alors le service de cette dette en projets ?

Le gouvernement provisoire est en discussion pour poser les bases d'une économie saine. Parlons alors aussi d'une vision de l'économie à moyen et long termes. Nous avons vu que le système économique a échoué et que nous devons passer à un autre modèle. À ce niveau-là, j'ai deux observations préalables.

Lorsque je parle de nouveau modèle de développement, cela induit un choix sociétal. C'est une nouvelle société que nous voulons : une société prospère et solidaire. La responsabilité de ce choix ne me revient pas, ne nous revient pas, c'est l'affaire des partis politiques qui gouverneront démocratiquement ce pays. Je proposerai donc quelques pistes. Il faut un nouveau modèle de développement où la technologie assurera un nouveau dynamisme. Il faut une autre intégration dans le système économique mondial, sur la base des avantages construits et non pas banalisés, où la composante technologique est importante, en nous inspirant, en cela, des expériences des pays asiatiques, tels que la Malaisie ou Singapour.

En conclusion, la réussite de la transition économique réside en grande partie dans le choix opportun du futur État et quant à la dissolution ou la création de structures et d'institutions économiques qui relèvent de sa tutelle. Elle dépend aussi du génie et du savoir-faire ainsi que de la réactivité de son capital humain et de ses investisseurs.

Questions du public

Moderateur : Adrianus Koetsenrujter
Ambassadeur et chef de Délégation de l'UE en Tunisie

Je rebondirai d'abord sur les questions intéressantes soulevées par M. Haddar. Sur la question de la dette, je m'étonne, en tant que représentant de l'Union européenne, de cette question, car la Tunisie n'a aucune dette auprès de l'Union européenne et d'autre part, la dette de la Tunisie est enviable pour la plupart des pays membres de l'Union européenne. La Tunisie, au niveau macro-économique, notamment sur sa fiscalité, sa croissance, la dette et l'inflation a toujours été bien considérée ; d'ailleurs, Dominique Strauss-Kahn pour le FMI a fait, il y a quelques mois, beaucoup de compliments et d'éloges du modèle tunisien. Même les investisseurs étrangers étaient contents des résultats macro-économiques corrects. D'autre part, il y avait une séparation nette entre l'économie nationale, qui était étouffée par la corruption, et les investissements internationaux, qui étaient peu touchés par la corruption. Je voudrais signaler l'énorme décalage entre l'investissement international, qui était considéré comme très bon, et le manque d'investissement au niveau domestique et national à cause du manque de confiance des Tunisiens dans leur propre économie.

Je voudrais reprendre mon anecdote avant de vous laisser la parole. Le 9 décembre, donc une semaine avant l'affaire à Sidi Bou Said du héros de la révolution, mon collègue belge Thomass Antoine, qui allait quitter le pays, résume, lors de notre dernière réunion, les observations de son expérience en Tunisie ainsi : « Chers collègues, Messieurs, Mesdames, je considère que la Tunisie n'est pas un pays stable pour deux raisons : le système d'éducation, qui ne correspond pas à ce qui est soutenable pour l'élite de la jeunesse, et deuxièmement la gestion politique. Ce pays malheureusement n'est pas un pays stable ». Cela illustre donc que la révolution n'a pas été une surprise pour tout le monde.

Abderrazak Zouari
Ministre du Développement régional

Je voudrais vous poser une question. A quel niveau de déficit budgétaire voulez-vous placer la Tunisie ? Au moment de la révolution, nous étions officiellement à 2 % de déficit budgétaire par rapport au PIB. Avec ce qui se passe maintenant, on va être à 5 %. Il est tentant d'utiliser ces dépenses imprévues, mais il faut aussi voir que les recettes fiscales ont beaucoup augmenté donc il y a un gonflement du déficit budgétaire. Le deuxième point que j'aborderai concerne notre rapport à l'Union européenne et au monde extérieur. Depuis longtemps j'ai une idée que je voudrais que nous discutions et qui est la suivante : sans avoir l'objectif d'adhérer à l'Union européenne, est-il possible que la Tunisie s'engage sur un plan de réformes sur dix ans qui serait conforme aux plans de pré-adhésion à l'Union européenne, ceci à condition que l'Union européenne traite la Tunisie comme une région européenne ? Est-il possible de passer un accord non pas de partenariat avancé de voisinage - car tout cela est dépassé - mais qu'il y ait un consensus avec l'Union européenne pour lequel la Tunisie s'engagerait à appliquer les réformes de pré-adhésion comme la Turquie, même si on sait qu'elle n'adhérera pas à l'Union européenne ? Est-il possible de traiter la Tunisie en Etat indépendant et comme une région européenne ?

LA SALLE

Merci M. le président. Je souhaiterais poser une question à notre ami de Roumanie. J'ai compris, d'après ce qu'il a dit, que la Roumanie, après un régime très strict de dirigisme, est passée subitement à un régime ultra-libéral. Le résultat est encore en cours, l'Union européenne a donné beaucoup de fonds, comme nous le savons, pour aider l'économie et un autre pays européen qui a été aidé, l'Irlande, présente des résultats différents. La seconde question concerne la dette qui avait été contractée par l'ancien régime. L'argent de la dette est aujourd'hui dans les pays occidentaux, or les créanciers nous réclament une dette que nous n'avons pas contractée. Notre ami Haddar a fait des propositions mais il y a d'autres alternatives. Pourquoi la Tunisie ne ferait-elle pas comme l'Argentine en 2001 ? De toute façon, sur le plan moral, les créanciers ne devraient pas réclamer une dette à la Tunisie dans une période aussi difficile, d'autant plus que nous avons sur les bras une population jeune, et au lieu de financer leurs emplois nous allons dépenser cet argent pour rembourser la dette.

LA SALLE

Ma question concerne le développement régional, ce n'est pas une découverte aujourd'hui puisqu'on a commencé cette politique dans les années 1980. La régionalisation du plan ne put se réaliser car l'administration centrale ne voulut pas se dessaisir de ses attributions. Nous nous sommes donc limités à transférer les locaux et toutes les décisions restaient prises par Tunis. C'est pourquoi, si nous voulons réellement sortir de l'impasse, nous devons appliquer immédiatement, avec le gouvernement provisoire et le gouvernement qui sera en place, la décentralisation et la déconcentration effectives et non pas théoriques.

LA SALLE

J'ai été 35 ans à l'API, et j'ai créé le Centre de soutien à la création d'entreprise. Je crois qu'on a tort de faire des recommandations sans tenir compte du diagnostic existant car il existe en Tunisie une industrie, un tourisme et des services que nous devons essayer de développer ; ce n'est pas uniquement un problème structurel. Aussi, pour la création d'entreprises dans les régions, avons-nous pris énormément d'initiatives, et actuellement l'implantation dans les régions est exonérée. Mais malgré cela, les résultats sont insuffisants. Cela n'est pas particulier à la Tunisie. A titre d'exemple, en 1974, en France, lors de la campagne électorale, on se basait sur un million de chômeurs or aujourd'hui il y en a 4. Il ne faut donc pas accuser la Tunisie de faire une mauvaise politique de décentralisation puisqu'il faut tenir compte des conditions dans lesquelles elle est réalisée, c'est-à-dire que le développement des infrastructures doit soulever la question des budgets nécessaires. Je crois que la stratégie doit tenir compte de nos acquis. Par exemple, l'expérience de la Roumanie est totalement différente de celle de la Tunisie.

MODERATEUR : ADRIANUS KOETSENRUJTER
Ambassadeur et chef de Délégation de l'UE en Tunisie

Concernant la dette, je voudrais dire que cet argent a été utilisé pour faire une Tunisie qui n'est pas un pays sous-développé et a permis un développement économique qui est atteint aujourd'hui. Il ne s'agit donc pas de renier son histoire.

SORIN-MIHAIL TANASESCU
Ambassadeur de Roumanie en Tunisie

Pour répondre à la question qui m'a été posée : « Combien de temps la Roumanie a pris pour passer d'une économie hypercentralisée à une économie libérale », je dirais qu'il y a des objectifs qui ne sont pas encore atteints. Dans la théorie de la transition qui s'est développée ces dernières décennies, nous disons que la transition dure normalement deux générations. Cependant, en Roumanie, une seule génération fut nécessaire. Le facteur accélérateur fut l'adhésion à l'Union européenne. Concernant la différence avec l'Irlande, c'est que l'Irlande est une économie de marché avec des problèmes de gouvernance et des problèmes financiers, mais elle a représenté une forme de succès de l'Union européenne dans les années 2000. Mais probablement l'Irlande a-t-elle payé le prix de la mondialisation en raison de la petite taille du pays et de son marché, ainsi que de la liberté de circulation des capitaux. L'Union européenne ne put donc sauver l'Irlande.

DEUXIEME SESSION

LA TRANSITION DEMOCRATIQUE A LA LUMIERE DES EXPERIENCES ESPAGNOLE ET BULGARE

MODERATEUR : RIDHA GOUIA
Secrétaire général de l'ASECTU

Au nom de mes collègues et des membres de l'Association des Économistes Tunisiens, je vous remercie d'avoir pris la peine et le courage de venir nous transmettre vos expériences. Je remercie le public d'avoir, aussi, le courage et la patience de nous écouter. Tout de suite la parole est à M. Bastida.

LA TRANSITION ESPAGNOLE : UNE *SUCCESS STORY* ? LUMIERES ET OMBRES

BENJAMIN BASTIDA
Université de Barcelone

Présentation des objectifs de la transition en Espagne. Aspects positifs et négatifs du processus. Rôle des agents publics et privés. Quels groupes sociaux gagnent ou perdent dans la transition et dans l'intégration au sein de la Communauté européenne ? Rôle des institutions, de l'Etat et des partis politiques. Importance des compromis (par exemple Los Pactos de la Moncloa-1978). Changements, ruptures, continuité dans la transition.

Chers collègues,

Je voudrais tout d'abord manifester ma satisfaction de participer à ce séminaire. Je parle aujourd'hui avec admiration devant le courage du peuple tunisien. Je ne sais si je pourrai apporter beaucoup à votre processus de transition, puisque la transition démocratique en Espagne n'a réussi que partiellement. Notre dictateur est mort dans son lit, de mort naturelle, en continuant à perpétrer des morts jusqu'au dernier jour. Aussi, aujourd'hui, il appartient aux Tunisiens de définir et de s'engager dans un processus de transition vers une vraie démocratie.

L'expérience de la transition espagnole est un sujet de débat, de controverse. Il y a, évidemment, des points positifs comme des échecs. On parle beaucoup des premiers tout en passant sous silence les seconds. Nous pouvons expliquer cela comme une sorte de propagande traduisant les intérêts des gouvernements espagnol, européens et américain d'avoir des transitions démocratiques « stables ». Les principaux arguments furent la maturité du peuple espagnol, la réconciliation, la modernisation, la croissance, l'internationalisation. D'un autre côté, on se tait sur la déception, la démobilisation, les coûts de la reconversion industrielle imposée par l'extérieur, le chômage, la prédominance des activités spéculatives, la corruption presque omniprésente. Au moment de la mort de Franco, deux types de transition semblaient possibles : la rupture ou la réforme, et ce fut donc la voie de la réforme qui aboutit.

Ce ne fut donc pas une rupture institutionnelle mais une « réforme ». Pour quelques analystes, pour l'histoire officielle, pour les « médias » la transition est une « success story ». Mais pour ceux qui ont vécu cette transition tout en subissant ses conséquences, la transition peut se résumer à une grande déception. Je vous propose d'organiser la réflexion sur ce processus en trois parties, la première concernant les perspectives politiques, institutionnelles. Dans une deuxième partie, nous observerons les éléments économiques et enfin, dans la dernière, nous ferons un essai de conclusions.

Perspectives politiques et institutionnelles

La situation à la mort du dictateur était complexe, puisqu'il était difficile de continuer avec les institutions du passé, difficile aussi de trouver et de définir un modèle inédit pour l'avenir, qui soit à la fois acceptable pour ceux de l'ancien régime et pour ceux qui avaient vécu dans la clandestinité. La perspective d'intégration à l'Europe a réussi à réunir les tendances de droite, social-démocrate et quelques factions de gauche pour initier le processus de réformes institutionnelles capables de faire consensus. Une grande partie des groupes qui avaient soutenu et bénéficié de la situation se sont confrontés, au cours des dernières années de vie de Franco, à l'impossibilité de défendre de façon efficace leur position par la répression et ont accepté, presque tous, sauf les nostalgiques, de participer à une réforme institutionnelle qui, ne limitant pas, en principe, leurs privilèges, permettait un développement stable.

Les sociaux-démocrates et une partie de la gauche (PCE) ont considéré que la corrélation des forces ne permettrait une rupture qu'à travers une Assemblée Constituante. A titre d'exemple, ils ont accepté de prendre part à la rédaction, « en petit comité », de la Constitution espagnole. Au sein de ce comité, plutôt académique, à l'apparence représentative mais pas pour autant élu, se côtoyaient des « personnalités » de la droite qui avaient occupé des responsabilités publiques dans le régime dictatorial de Franco, ainsi que des centristes, ou encore ceux se réclamant du nationalisme ou de la gauche.

Ce processus politique, qui avait débuté avec la proclamation du roi Juan Carlos désigné par Franco comme symbole de stabilité et de continuité de la transformation, se prolongea dans la rédaction et l'approbation, via le référendum, de la Constitution et la déclaration de la démocratie formelle - partis politiques, séparation des pouvoirs, prédominance de la loi, processus d'élections, etc. Nous pouvons dire que la principale réussite de la transition espagnole a été la capacité d'introduire des changements formels tout en les vidant de leur contenu. Les vrais pouvoirs continuent à être détenus par les banques, l'Église, la Monarchie, ainsi que par les grands groupes financiers nationaux et internationaux.

Le « compromis » entre l'État central et les régions dans l'État espagnol se traduit par une domination des « Autonomies», solution qui est à l'origine d'une forte remise en question actuellement, notamment dans le Pays basque et la Catalogne. Il faut ajouter à cela les autres problématiques qui font obstacle à la démocratie : éloignement des partis politiques et de la population, candidatures « fermées » pour les élections, désignées par la bureaucratie des partis politiques, etc.

Éléments économiques

La perspective de l'intégration à l'UE a conditionné l'orientation économique espagnole pendant la période de transition. Les conditions de l'adhésion ont été imposées par les organismes internationaux et la même UE(CE) : ouverture, libéralisation, processus de privatisation pour renforcer les mécanismes du marché. On peut résumer les expectatives des dirigeants de l'économie espagnole en trois groupes : croissance et augmentation sur le marché des produits espagnols grâce à la différence des coûts salariaux. Cet élément visant à faciliter les investissements de capitaux vers l'Espagne (FDI), le processus de convergence vers l'Europe en termes de revenu par habitant ainsi que de niveau de vie et appartenir à un club où les décisions les plus importantes, au niveau mondial, seront prises (Tugores 1996).

Les résultats ne semblent cependant pas avoir comblé les attentes. Les exportations ont vraiment augmenté, mais les importations ont augmenté bien plus rapidement et plus fortement. En conséquence, le bilan commercial et le bilan courant conduisent à un déséquilibre des balances commerciales. D'autre part, l'internationalisation de l'économie espagnole, grâce à l'ouverture du marché, a produit plutôt une destruction du tissu industriel qu'une création. Le résultat a été une sorte de dualisme de l'économie espagnole. Nous pourrions être tentés de dire que c'est plus un processus d'intégration de l'UE à l'Espagne qu'une intégration de l'Espagne à l'UE : les relations transnationales européennes ont profité du réseau de clients des entreprises espagnoles mais peu d'entre elles ont conduit à des transferts technologiques et à une création d'un tissu industriel et d'emplois.

Les secteurs de prédilection attribués à l'Espagne dans l'intégration européenne restent le tourisme et la construction liée au tourisme (infrastructures, autoroutes vers la mer, communication, logements liés au tourisme). L'adhésion a imposé une forte et pénible reconversion industrielle. On a éliminé la sidérurgie, la construction navale et certains secteurs agricoles.

Pour conclure, la caractéristique de l'économie espagnole à partir de ce moment a été la volatilité économique liée à la vulnérabilité, c'est-à-dire une croissance du PIB espagnol plus importante qu'en Europe mais aussi une chute, en temps de crise, plus profonde (Bastida, 1996). Il est donc opportun de relever deux éléments concernant cette convergence. Au commencement du processus, le revenu par habitant en Espagne s'approche du revenu par habitant de l'Union européenne, puis nous observons un ralentissement de cette convergence qui se stabilise autour des 79 % en 1991. La redistribution des gains de croissance au sein du pays n'est pas équitable mais polarisée.

Relativement à la position dans l'Union, on constatait que le pouvoir de chaque membre au sein des différentes instances de l'Union était inégal. En conséquence, les décisions stratégiques sont prises en fonction des intérêts de l'Allemagne et de la France (les groupes financiers de l'Allemagne et de la France). Dans les « petits pays du Sud », comme l'Espagne, les règles semblent imposées par Bruxelles. En fait, ces règles affectent les conditions de travail, la production de services publics (Électricité, Distribution de l'eau, etc.). Tout comme la santé et l'éducation.

Les bons résultats économiques de la transition espagnole se présentent de façon périodique et volatile : en 1992, il y avait trois millions de chômeurs et en 2011, presque 5 millions. De manière permanente, 30 % à 40 % des employés sont en contrat précaire. Une même tension sur la peseta avant l'intégration à la zone Euro que la tension de compétitivité après l'Euro. Par ailleurs, le déficit structurel du budget d'État s'accompagne d'un déficit extérieur. Concernant le processus de désindustrialisation, la reconversion industrielle devient un processus de destruction sans création de nouvelles industries. Dès lors des régions entières du territoire espagnol deviennent des régions dévastées, associées à un déficit d'exploitation des terres agricoles. La politique économique de la transition : les Espagnols ont donc hérité de la période de transition, une profonde crise, avec des déséquilibres productifs et des rigidités institutionnelles. Il faut ajouter à ce contexte difficile la crise internationale de l'énergie, l'épuisement du modèle économique et des tensions sociales et politiques découlant des dernières années de dictature et de la mort du dictateur. Les indicateurs macro-économiques montraient de très mauvais résultats : une chute profonde du PNB, un déficit commercial, des taux négatifs d'investissement et un taux d'inflation grandissant. De même, les indicateurs macro-sociaux étaient tout aussi critiques.

En conséquence, pour ceux qui aspiraient à devenir dirigeants politiques et pour les « policy makers », la question prioritaire (dans la période 1975-1980) n'était pas directement l'intégration à l'Europe mais la recherche d'une sortie de la crise économique, politique et sociale. Ça veut dire qu'il y avait des problèmes urgents de stabilisation de l'économie, de restructuration industrielle et de modernisation technologique. D'autre part pour conduire toutes ces politiques d'une façon cohérente, s'est instauré un débat pour préfigurer un modèle de société de marché d'après dictature. Les mots d'ordre de l'économie furent « Réforme » ou « Rupture ». En conséquence, l'enjeu de la réforme devient l'enjeu de l'intégration à l'UE : le modèle consiste à accepter les relations de production et de propriété, un capitalisme qui se développe en coexistant avec un secteur public fort, régulateur, capable d'intervenir, d'assurer l'État de Bien-être, et avec les contre-pouvoirs forts et représentatifs, les syndicats, capables d'intervenir sur la politique économique.

Les efforts du premier gouvernement constitutionnel (1977-82) visent le plus large consensus possible autour de ce modèle. Les Pactes de la Moncloa (los Pactos de la Moncloa) représentent ce consensus. Bien que ces accords concernent les conditions de travail, d'indexation ou de gel des salaires, la protection sociale, etc., ils furent signés par les représentants des partis politiques mais sans présence des syndicats et des organisations du patronat. On peut affirmer que les politiques de stabilisation ont eu quelques succès en termes de maîtrise des taux d'inflation et de régulation de l'équilibre extérieur mais ne purent empêcher, au moment du choc pétrolier de 1979, un nouveau déséquilibre du secteur extérieur.

Les autres propositions des accords de la Moncloa (les réformes structurelles et institutionnelles) ne furent pas développées par le gouvernement. La prétendue « reconversion » industrielle consistait en une politique d'aides, entreprise par entreprise, sans stratégie globale, liée aux pressions de certains groupes, qui a, en réalité, prolongé le déclin de beaucoup d'entreprises publiques ou privées, sans les moderniser. La réforme fiscale initiée fut ensuite abandonnée. La réforme du marché du travail n'arrive pas à établir des relations progressistes mais simplement contribue à une augmentation du chômage. Malheureusement pour les gens qui en 1982 ont voté pour un changement profond et ont donné leur confiance au Parti socialiste (PSOE), la continuité de la politique économique (plus cohérente que dans la période antérieure) ne correspondit pas aux désirs et aux espoirs de la majorité du peuple espagnol.

La transition democratique en Espagne : un modele generique ?

Jean-François Daguzan
Directeur de la revue Maghreb-Machreck, Maître de recherche à la FRS

La transition démocratique qui s'est effectuée en Espagne entre 1976 et 1982 (date de l'arrivée du premier gouvernement socialiste) a été considérée comme un modèle du genre. De fait, passer de trente-sept ans de dictature franquiste impitoyable à un nouvel état politique et social - et le tout avec des violences importantes mais non irrémédiables - peut être regardé comme un exploit. Il s'agit donc d'interroger les critères constitutifs de la transition politique espagnole (rôle des pouvoirs en place, stratégies et interactions de la société civile, des forces religieuses, des militaires, du secteur économique, etc.) pour voir si ceux-ci sont susceptibles d'universalisation et peuvent être des archétypes voire des « recettes » génériques utiles pour l'accompagnement d'autres processus du même type, et notamment ceux en cours aujourd'hui dans le monde arabe.

Si la transition politique espagnole semble intéressante à bien des égards pour la Tunisie nouvelle, je ne proposerai pas de recettes, mais je souhaite juste exposer une situation historique qui s'est réalisée dans des conditions tout à fait particulières, sachant que les conditions dans lesquelles cette transition s'est effectuée sont spécifiques et donc ne peuvent pas être transposables systématiquement. Mais il y a cependant, au-delà des contingences historico-temporelles, des éléments à prendre en considération parce que justement, certains éléments pourraient être utiles au débat, voire être source d'inspiration[1]. Certes, les circonstances ne sont pas les mêmes. En Espagne, la révolution a été faite par un homme du système (le Roi). Il n'y a pas eu d'événements violents comme au Portugal ou en Roumanie qui ont entraîné une rupture brutale des conditions politiques de la transition. Lorsque je dis homme du système, c'est parce que le roi était l'héritier du général Franco[2]. Nous avons donc un cas particulier où le système lui-même fait émerger la personne qui va le transformer et même le détruire. C'est à partir de cet

1. Il y a juste vingt ans, nous nous étions livrés à une première tentative d'évaluation de la situation maghrébine en perspective de la transition espagnole : « Le modèle d'industrialisation de l'Espagne démocratique est-il adaptable au Maghreb ? », in Christian Reynaud & Abdelkader Sid Ahmed (dir.), *L'avenir de l'Espace méditerranéen*, Publisud, Paris, 1991, pp. 462-474.
2. Voir entre autres, Javier Tusell, « La transición española a la democracia », *Historia* 16, Madrid, 1997.

élément-là, qui n'est pas un facteur de rupture *a priori*, que les choses découlèrent progressivement. Si nous devons chercher des éléments plus proches, nous prendrons le Portugal mais nous en parlerons ultérieurement, lorsqu'on abordera les révolutions latines. La Tunisie est donc plus proche d'une dynamique portugo-roumaine qu'espagnole.

Certaines modalités de la transition espagnole sont cependant intéressantes pour la Tunisie directement ou indirectement.

Par le changement constitutionnel, le roi brise la constitution franquiste pour en apporter une nouvelle à partir de laquelle il sort de son rôle de successeur au dictateur pour devenir un monarque de droit constitutionnel. Ce monarque constitutionnel est remarquable, puisque le pouvoir revient vers la représentation populaire par la création d'une véritable législature issue du peuple, élue par le peuple, qui parle en son nom. Le roi assume symboliquement l'unité de l'Espagne ou « des Espagnes », comme l'on disait autrefois. Il libère les pouvoirs régionaux dont les plus importants sont évidemment la Catalogne et le Pays basque. La deuxième modalité caractéristique, c'est le changement politique, je dirais technique, qui va entraîner la légalisation des partis, et, surtout, la légalisation des syndicats - ces deux éléments allant de pair, avec une branche politique au sens strict et une branche sociale qui vont faire avancer la réflexion et la législation, y compris sociale. Troisième modalité importante, que j'appellerai le changement sociopolitique : c'est un élément majeur qui est l'acceptation de ces changements par le pouvoir et la technostructure. Puisqu'il n'y a pas de rupture politique en tant que telle, c'est-à-dire qu'on ne change pas les hommes en place, on va les amener à accepter le changement et les obliger à accompagner une mutation sociopolitique qu'ils récusent *a priori*. Pour y parvenir, le roi a utilisé les acteurs du système pour transformer ledit système jusqu'à le faire disparaître. Ainsi, le Premier ministre Adolfo Suárez a fait toute sa carrière dans le franquisme et le roi l'a nommé, avec l'idée qu'il faut que les gens qui connaissent le système le transforment de l'intérieur en faisant muer la loi et les hommes en modifiant progressivement la législation, les règlements et les institutions[1]. C'est tout un schéma de construction juridique co-réglementaire qui va permettre cette transition. Un grand élément fédérateur est le pacte dit de la Moncloa d'octobre 1977, qui est à la fois une reconnaissance par les partis politiques à peine créés de la justesse du processus et une espèce de pacte politique et social pour passer cette période difficile de transition. Il est inutile de dire que nous voyons cela aujourd'hui comme quelque chose qui se serait passé simplement dans la joie et l'allégresse ; or ceux qui ont vécu l'Espagne

---

1. Voir le remarquable et récent ouvrage de Javier Cercas sur le coup d'état du 23 février 1981 et sur la transition espagnole, *Anatomie d'un d'instant*, Actes Sud, Arles, 2010.

de cette époque ont vu que tout cela ne se passait pas bien. Face à cette évolution, des groupes de militaires ont mené plusieurs tentatives de coup d'Etat, dont le plus célèbre fut celui du 23 février 1981[1]. Il y eut un retour de la violence politique de l'extrême-gauche, un déchaînement de la violence basque avec plusieurs centaines de morts qui vont bien entendu peser sur les parties en présence pour essayer de modifier, d'un côté ou de l'autre, le curseur. Ajoutons à cela la tentation conspiratrice, dont le point d'orgue est le 3 février, au cours duquel des groupes politiques et militaires essaient de placer le roi sous contrôle et de faire revenir l'État espagnol vers un modèle semi-autoritaire. À partir de ce moment, le roi, refusant de revenir en arrière, va casser ce système et le processus de transition va s'accélérer. Si nous voulons tirer quelques leçons de l'expérience espagnole, sur laquelle est revenu mon collègue Bastida, nous voyons que ce qui est marquant dans cette expérience, c'est sa progressivité. C'est-à-dire qu'il n'y a pas de rupture brutale d'un régime vers l'autre et finalement une progression qui s'établit sur dix ans. C'est-à-dire que la transition n'est achevée que lorsque le Parti socialiste arrive au pouvoir en 1990. De la mort de Franco, en 1975 jusqu'à l'arrivée des socialistes, nous sommes encore dans la transition, même si perdurent encore d'importants changements avec l'arrivée du Parti socialiste.

Un autre élément très important qui peut être un élément d'appréciation pour les Tunisiens, mais qui peut aussi faire grincer des dents, c'est le maintien de la technostructure. C'est-à-dire que pour pouvoir faire fonctionner l'État, il faut maintenir ceux qui savent faire fonctionner l'État. Cela veut dire qu'il faut admettre qu'un certain nombre de personnes compromises dans le régime antérieur sont nécessaires au fonctionnement de l'État et qu'il faut les garder le temps de pouvoir les remplacer par des gens capables d'assumer un fonctionnement équivalent. Et cela est très difficile évidemment, après des années de dictature, de prévarication, d'humiliation pour une population qui fait sa révolution comme dans le cas tunisien. Le risque de ne pas garder l'administration de l'ancien régime a été testé en grandeur nature, il y a quelques années, en Irak. Les Américains prennent le contrôle du pays à l'issue d'une victoire militaire certes brillante. Mais immédiatement, on supprime l'armée, on vide les administrations, car les militaires et les fonctionnaires étaient membres du parti Baas et on se retrouve avec le chaos et une guerre civile qui, elle, pour le coup, n'est pas terminée. Ce véritable danger, avec lequel les Espagnols ont flirté, a pu être évité parce que l'Espagne est passée d'un système à l'autre en douceur.

1. Voir notre article « La révolution incroyable ? L'armée et la transition démocratique en Espagne », in Anne Dulphy & Yves Léonard, *De la dictature à la démocratie : voies ibériques, P.I.E. - Peter Lang, Bruxelles, 2003.*

Si nous prenons brièvement le cas portugais l'épuration sévère eut lieu après la tentative du coup d'Etat du général Spinola, premier président de la République issu de la révolution. Passée la première phase de la révolution des œillets qui a duré un an, le contre coup d'Etat raté, va conduire à une épuration radicale l'année suivante. Le problème sera qu'il faudra faire revenir ensuite les épurés parce qu'ils se sont avérés indispensables au fonctionnement de l'État. Je vois donc dans ces expériences, la nécessité de maintenir une masse technocratique ou une technostructure suffisantes pour éviter le chaos.

Dernier point, un élément a contribué le plus à mon sens à la réussite du modèle espagnol : le consensus sur l'oubli et la mémoire. C'était aussi quelque chose de difficile à admettre, puisque l'État franquiste était toujours aux commandes. La question s'est posée de savoir ce qu'on faisait de la guerre civile espagnole et des violences qui avaient été perpétrées des deux bords, puisque le processus dit « policier » avait emmené des dizaines de milliers de personnes en prison dont bon nombre sont mortes, s'accompagnant d'exécutions sommaires et d'exécutions légales. Le choix a été fait de promulguer des lois et des règlements de 1975 à 1978 qui décident d'une amnistie générale liée aux événements du passé. D'où la frustration d'une partie de la mémoire espagnole, bien entendu celle de ceux qui n'étaient pas au pouvoir auparavant, les républicains, la gauche, les communistes, des anarchistes, etc., qui ont dû vivre avec[1]. Mais je pense fondamentalement que d'une certaine manière ce passage était nécessaire à l'apaisement des esprits et des cœurs, à un moment où il fallait qu'on gère le changement. C'est en cela que l'expérience espagnole est très intéressante et très riche. Elle a fonctionné structurellement sauf que, évidemment, trente ans plus tard, le débat sur la mémoire resurgit parce qu'il n'a pas été purgé avant, mais je ne crois pas que l'on pouvait faire l'économie de ce passage. Dans le cas tunisien, c'est un peu différent, car la révolte a conduit à la chute du dictateur, mais je pense que vous aurez quand même à vous poser cette question de la mémoire.

Pour terminer, je reprendrai une idée du professeur Samuel Huntington. Il est connu pour avoir décrit « le choc des civilisations », mais il a proposé dans *The Third Wave* (la troisième vague) le concept de « vagues démocratiques ». Il y a, selon lui, dans l'histoire, des vagues démocratiques qui émergent dans des conditions politiques données et qui s'installent. La première avait débuté aux États-Unis au XIXème siècle et s'était arrêtée aux années 1930 avec

1. Voir notamment Danièle Rozenberg, « Mémoire et oubli dans la construction démocratique espagnole », in Anne Dulphy & Yves Léonard, *De la dictature à la démocratie : voies ibériques,* op. cit., pp. 167-184 et Patrick Pépin, *Histoires intimes de la guerre d'Espagne, 1936-2006, la mémoire des vaincus*, Nouveau monde éditions, Paris, 2009, p. 27.

l'émergence des régimes autoritaires et des dictatures fascisantes, et puis celles des années de l'après-décolonisation ; celles d'Espagne, du Portugal et de Grèce ; puis celles des années 1990, avec bien entendu l'Europe centrale et orientale[1]. Sommes-nous aujourd'hui sur la quatrième ou la cinquième vague ? C'est une question que les spécialistes des relations internationales devront trancher. Il est clair que la Tunisie a engagé cette dernière vague. Et de ce point de vue, et bien au-delà du cas tunisien en tant que tel, ce qui s'est passé à Tunis ouvre une nouvelle vague de démocratie. Nous verrons ce à quoi cela se réfère sur le fond et sur l'ensemble du monde arabe. Je crois que la Tunisie a ouvert une porte qui pourra mettre beaucoup de temps à se refermer.

MODERATEUR : RIDHA GOUIA
Secrétaire général de l'ASECTU

Merci M. Daguzan, je relèverai quelques éléments importants. Le premier est que le modèle n'est pas transposable. Il n'y a pas eu en Espagne d'événements brutaux ou de changements brutaux. Ce qui ressemblait à l'expérience de la RDA et qui permit de garder la base de la technostructure, cette progressivité doit donc être prise en compte dans l'expérience tunisienne. Le troisième exposé sera celui de M. Garnizov sur l'expérience bulgare.

1. *The Third Wave,* Democratization in the Late Twentieth Century, University of Oklahoma Press, 1992, 366 p.

QUELLES LEÇONS TIRER DE L'EXPERIENCE BULGARE ?

VASSIL GARNIZOV
Université Bulgare de Sofia

La transition en Bulgarie, commencée il y a plus de vingt ans, a atteint ses buts stratégiques : le marché libre, les droits de l'Homme, la liberté d'expression, le système politique multipartisme, l'adhésion à l'Union européenne et à l'OTAN. En même temps, elle n'a pas abouti à des résultats satisfaisants pour les citoyens : le pays est le plus pauvre d'Europe ; la répartition des revenus est la plus inégale en Europe ; on parle d'une « économie de corruption *». Interrogés sur la démocratie, 76 % des Bulgares se sont dits insatisfaits : la confiance dans le gouvernement et les institutions est très faible ; l'État est faible, la société est frustrée. Comment expliquer cette situation et quelle leçon en tirer pour la transition en Tunisie ?*

Le cas bulgare semble un anti-modèle de transition, en opposition aux interventions précédentes sur la Roumanie et l'Espagne. En Bulgarie, après la chute du Mur de Berlin, nous avons plutôt suivi une voie indépendante du contexte géopolitique de l'Est. Le gouvernement est tombé sans révolution. Il n'y a pas eu de mort. En Pologne, il y a eu des groupes de travail sur la transition politique et dans le même temps, des groupes sur la transition économique, mais, sans consensus sur une transition économique aboutie, la transformation politique conserve son rôle. En Bulgarie, nous avons eu le même cas de figure. Il y a eu une table ronde d'économistes dont la plupart sont devenus millionnaires dans les années suivantes, sauf un qui est devenu Premier ministre une dizaine d'années plus tard. Nous avons réalisé des études, comme maintenant en Tunisie, et des rapports stratégiques et juridiques, comme l'a évoqué M. l'Ambassadeur. Le consensus sur l'accord économique fut beaucoup plus difficile, puisque les acteurs démocratiques et les nouveaux acteurs politiques étaient bien plus intéressés par le changement politique. Toute l'énergie de l'opposition était dirigée vers la politique. Nous avons donc une Constitution qui a changé les règles du jeu politique, mais a conservé l'économie de l'ancien régime. Cela a abouti à une décapitalisation complète de l'économie bulgare. L'objectif en Bulgarie était l'adhésion, dans les vingt ans, à l'Union européenne et à l'OTAN, et d'avoir une économie de marché fonctionnelle. Cependant, l'État dans le même temps est affaibli, la société civile est frustrée car 75 % de la population ne croient plus en la démocratie, 80 % n'ont plus confiance dans le système judiciaire et presque 60 % considèrent que l'élite politique est la même que dans l'ancien régime et qu'elle reste corrompue. Ceci est la conséquence du manque de consensus lors de la transition. L'idée que ce consensus fut obtenu par des acteurs corrompus persiste. Ce qui ouvre la porte aux mouvements extrémistes de gauche comme de droite, au populisme ou aux mouvements religieux, et remet même en question le succès de la démocratie. En même temps, dans l'espace économique, de 1990 à 1992, un gouvernement de droite engagea un processus de libéralisation. Il s'ensuivit des privatisations, une dérégulation et une réforme agricole, détruisant, en huit mois, le secteur agricole et entraînant la chute du gouvernement. Trois ans plus tard, nous avons eu un gouvernement qui a essayé d'appliquer une politique protectionniste avec un retour vers la politique économique du régime antérieur avec, pour conséquence, une décapitalisation complète de l'économie bulgare.

La deuxième transition fut celle d'une Bulgarie en faillite, il fallait donc se diriger vers une économie correspondant au processus de Washington pour relever l'économie de la Bulgarie. À partir des données macro-économiques on observe, vingt ans plus tard, un retour en arrière par rapport à la situation d'avant la transition. Il faut donc prendre en compte que la transition en Tunisie ne se passera pas aisément. J'espère que vous irez jusqu'au bout du processus en tenant compte des erreurs de l'expérience bulgare. Les risques sont donc réels et doivent être pris en compte dès le début du processus, avant même que la Constitution ne soit signée.

Nous avons beaucoup discuté du modèle politique, mais il manque le débat économique qui doit se dérouler ici et maintenant. La responsabilité est de prendre conscience et de réfléchir à la voie économique que vous allez choisir. Il est donc tout à fait possible de débattre de l'augmentation du chômage et des privatisations, dès le début. On peut voir clairement ce qui s'est passé, en Bulgarie, concernant les dépenses publiques, la consommation, la privatisation du capital et les investissements directs étrangers qui ont conduit à refaire une transition pour attirer les investissements directs étrangers. Il est aussi très important de prendre en compte le nombre d'habitants. La Bulgarie avait une population identique à celle de la Tunisie. Nous avons eu une migration importante, environ un million, et une grande partie de ce flux migratoire fut composée de diplômés de l'enseignement supérieur. Cette population, aujourd'hui émigrée aux États-Unis ou au Canada, fait des transferts d'argent importants pour l'économie bulgare, mais ne cotise pas pour les retraites et les politiques sociales.

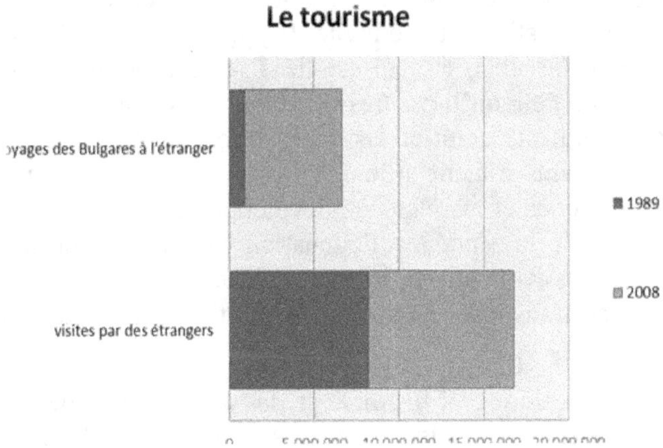

Graphique 1 : Le tourisme en Bulgarie

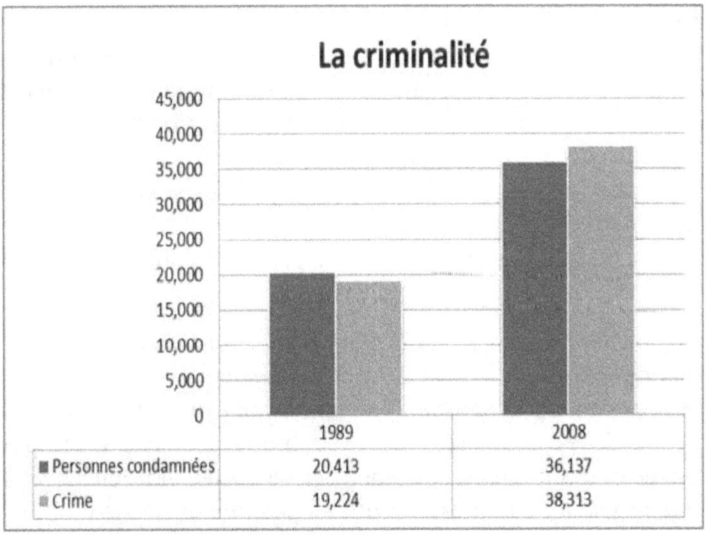

Graphique 2 : La criminalité en Bulgarie

Nous pouvons voir ci-dessus que le tourisme s'est beaucoup développé, mais qu'en parallèle la criminalité a suivi. Ceci est la conséquence d'une transition inachevée d'une politique autoritaire et autocrate à une politique de droit, en raison de la faiblesse de l'État à la sortie de la transition. Une faiblesse qui s'observe dans le domaine financier, dans sa capacité à produire certains services, à assurer une sécurité sociale et, ce qui est encore plus important, dans une justice fonctionnelle. Il y a une justice différente pour la population et pour les élus, et ceci est lié à la corruption et à l'inertie des mentalités. C'est en cela qu'il est très difficile, en Bulgarie, pour un gouvernement, d'être réélu que celui-ci fasse des réformes ou pas. Le danger est donc que les dirigeants n'aient qu'une vision à court terme. Ce qui impacte fortement les politiques et les plans de développement. Les politiques suivies concernant l'emploi, la santé et l'éducation ne permettent pas encore à l'opinion publique d'avoir un sentiment de richesse et de bien-être. Nous ne pouvons donc pas transposer l'expérience politique et sociale bulgare à la Tunisie.

La situation politique, l'histoire et la culture des deux pays sont totalement différentes. La Tunisie était sous protectorat et la Bulgarie faisait partie du bloc de l'Est. La différence est donc que la Bulgarie a pu se tourner vers les pays de l'Ouest. Ce qui est très important, c'est d'observer une transformation idéologique de masse. Ce qui est important, c'est de savoir comment les Tunisiens vont déterminer et choisir leur modèle. En Bulgarie, nous avons importé, tour à tour, plusieurs modèles : par exemple, la privatisation tchécoslovaque ou le modèle de santé hongrois. Si certains modèles ont pu être adaptés, la plupart ont échoué. L'importation du modèle de la Turquie par les Tunisiens est une possibilité, toute la question est de savoir si on parle de la Turquie d'avant, avec une armée très présente, ou de la Turquie d'aujourd'hui, avec une diminution de l'importance de cette armée. La Turquie se pose la question de savoir si elle doit s'orienter vers une croissance avec une base technologique ou une croissance basée sur une main-d'œuvre peu chère. Il faut donc se mettre d'accord sur l'orientation économique avant de chercher un consensus politique.

Dans la Bulgarie des années 1990, nous avons dû appliquer le modèle du consensus de Washington en entier et les résultats sont positifs : nous avons suivi les injonctions concernant la propriété privée foncière, conduisant à l'émergence de propriétaires réels, ce qui a un sens d'un point de vue sociologique et politique. Cependant, au cours des 45 années de domination soviétique, il y avait eu un exode rural et peu de gens étaient prêts à reprendre leur terre et à l'exploiter. Nous avions donc des ressources agricoles abondantes mais, paradoxalement, une forte importation de produits agricoles. Il est donc important pour la Tunisie d'être auteur de son propre modèle. C'est évidemment difficile, car cela se rapproche bien plus de confection haute couture que de réalisation d'un produit de consommation de masse. Or la haute couture a un coût considérable, il est donc nécessaire d'investir dans les personnes qui pourront développer des valeurs et des modèles à la hauteur de ceux évoqués ce matin. Cela va bien au-delà de mes propres compétences économiques, sociales et politiques, aussi aurais-je tendance à exposer des scénarios catastrophes. Ce que nous pouvons retenir de négatif de l'expérience bulgare est le déficit d'investissement en matière d'éducation. Celle-ci était financée avec les restes du budget. Le désastre réside dans le fait que nous avons trouvé des fonds pour la privatisation, la restructuration ou les infrastructures mais, à aucun moment, des fonds conséquents pour l'éducation.

QUESTIONS DU PUBLIC

LA SALLE

Je voudrais juste faire remarquer que la Tunisie a fait sa révolution trente ans après ces expériences, de plus c'est une expérience tout à fait originale et nous partons avec certes quelques fiascos, mais aussi quelques acquis. Le principal échec est un développement qui est de plus en plus sans contenu d'emplois ou de valeur ajoutée, mais aussi de bonnes performances concernant les équilibres macro-économiques, l'endettement, le déficit budgétaire, souvent en dessous de 3 %. Nous avons la possibilité de nous développer, mais le principal défi réside dans le fait de mettre d'accord les Tunisiens sur le modèle de développement et de réaliser un consensus. Un consensus autour des objectifs stratégiques, sur la démarche à suivre. Allons-nous ensemble travailler pour relever les objectifs comme la création de 700 000 emplois et 100 000 personnes qui arrivent chaque année ? Une économie plus intégrée dans le monde et pas seulement dans l'Union pourrait représenter 80 % de nos échanges. La diversification doit absolument se faire sans perdre de relations avec l'Union européenne. Je voudrais faire remarquer que lorsque l'on parle de transfert avec l'Union européenne, avec les nouveaux pays membres, on parle de centaines de milliards d'euros, alors que pour la Tunisie seulement de centaines de millions d'euros.

LA SALLE

Une question concernant les expériences espagnoles et des pays de l'Est. Elles nous rappellent notre deuxième expérience de développement. Si vous regardez bien, nous avons vécu trois expériences fondamentales. Premièrement, l'expérience moderne avec l'industrialisation, qui équivaut au communisme. Ensuite, la deuxième expérience fut l'expérience libérale, que vous êtes en train de vivre et peut-être que vous dépasserez. Aujourd'hui nous allons développer ceci par une autre expérience qui est l'expérience sociale libérale. Nous avons essayé de faire évoluer les institutions dans ce sens. Nous avons commencé le développement régional depuis l'indépendance, le développement polaire est donc une politique de développement régional. La question qui se pose ici est de savoir si, dans vos expériences, vous avez une expérience de développement des acteurs, à savoir les investisseurs et l'État car aujourd'hui le développement n'est pas seulement un modèle de développement. Comment avez-vous formé vos entrepreneurs, formé vos travailleurs pour créer une initiative privée ?

LA SALLE

Y a-t-il un débat dans vos sociétés politiques sur les choix qui ont été faits et qui ont abouti aux résultats catastrophiques que vous décrivez tous les deux de façon similaire ? La Bulgarie a-t-elle été autant, durant la transition, appuyée que l'Espagne ?

VASSIL GARNIZOV
Université Bulgare de Sofia

Il y a eu un débat comme à chaque fois lorsqu'une nouvelle force politique doit se légitimer. En ce qui concerne l'aide pour la Bulgarie elle a été très, très basse comparée à l'aide pour la Pologne, la Slovaquie ou la Roumanie. L'argent n'a pas pu servir à la Bulgarie car nous avons un mauvais système d'administration, une importante corruption, un système législatif et judiciaire qui ne fonctionne plus. C'est donc une crise qui nous empêche d'attirer l'argent destiné à la Bulgarie.

BENJAMIN BASTIDA
Université de Barcelone

Concernant l'Espagne, je ne crois pas qu'il y ait de transition libérale, ce que l'on peut discuter. Le président Zapatero, pour discuter de la politique économique à appliquer, a rencontré des entrepreneurs et des présidents de banques ou de grandes entreprises et non des représentants des travailleurs ou des syndicats. Il y a eu un débat politique dans la presse, au sein de la base des partis politiques et syndicats, mais la traduction tactique est l'absence de consultation de la population.

TROISIEME SESSION

TRANSITION ECONOMIQUE : EUROPE CENTRALE ET GEORGIE

MODERATEUR : SAMIRA CHAKER
Vice-présidente de l'ASECTU

ÉCONOMIE ET POLITIQUE DANS LES TRAJECTOIRES DE CHANGEMENT SOCIAL DANS LES PAYS D'EUROPE CENTRALE

BERNARD CHAVANCE
Université Paris 7

L'expérience des changements de système dans les pays post-socialistes montre des tendances communes, mais aussi des trajectoires nationales nettement différenciées. Ce tableau contrasté résulte de l'interaction spécifique des changements politiques et économiques, qui demeurent ancrés et légitimés dans la sphère nationale, tout en s'insérant dans des processus plus larges, l'européanisation et la mondialisation. La diversité des capitalismes post-socialistes, et les formes de leur dépendance, illustrent les tensions entre la consolidation de la démocratie politique et la formation d'un capitalisme raisonnable, à l'ère de la mondialisation et du capitalisme financiarisé.

Dans cette intervention, je parlerai de l'économie et de la politique en Europe centrale, prise au sens large, c'est-à-dire les dix nouveaux pays qui ont adhéré à l'Union européenne, en 2004 et 2007. Comme les intervenants précédents, je dirai qu'il ne s'agit pas de trouver des modèles pour l'expérience engagée en Tunisie mais, simplement, des éléments de réflexion comparatifs. Il faut également tenir compte du recul historique : les bilans qui ont été tirés de l'expérience du changement de système étaient très différents après cinq ans, dix ans, quinze ans ou vingt ans, un véritable cycle d'évaluations négatives et positives ayant été observé jusqu'à ce jour (le dernier retournement datant de la crise économique de 2008).

Il faut souligner que les changements politiques et économiques qui se sont produits dans ces pays ont été fortement ancrés dans leur cadre national, bien que la dimension internationale ait été, évidemment, essentielle, notamment celle du contexte européen. Les changements liés à la mondialisation ont joué, également, un rôle décisif. Malgré tout ce qui a, en définitive, conditionné la trajectoire de changement dans les différents pays, c'est qu'elle est restée déterminée dans la sphère nationale, parce que c'est là que s'ancrent et se légitiment les transformations économiques et politiques, *a fortiori* lorsqu'un régime démocratique se développe. Un autre facteur qui a joué un rôle déterminant est la façon dont la rupture avec l'ancien système s'est produite ; ici nous observons des variations très importantes entre les pays. Certains ont connu une négociation entre le régime finissant et l'opposition, qui a conduit à de nouvelles élections (Pologne, Hongrie), d'autres se sont véritablement effondrés, comme l'Allemagne de l'Est suite à des manifestations populaires, d'autres encore, comme la Bulgarie et la Roumanie, ont connu une reconversion de l'ancienne classe dirigeante à travers les premières élections démocratiques ; dans d'autres trajectoires encore, la dimension nationale a été essentielle, comme avec les déclarations d'indépendance des Pays baltes. Ces modes de rupture avec l'ancien régime ont fortement conditionné les premières années et les modalités initiales du changement.

Sur le plan international, le contexte des années 1990 doit être gardé à l'esprit, c'est-à-dire l'influence du Consensus de Washington au niveau global, mais aussi l'orientation néo-libérale de la construction européenne, qui a été prédominante dans l'ensemble de la décennie. Il faut dire d'emblée qu'après une période d'hésitation, la perspective de l'intégration européenne a eu un rôle tout à fait décisif. À partir de 1993, la perspective de l'adhésion a été confirmée par l'Union européenne, accompagnée de conditions. Ces conditions ont été formulées de manière générale ; elles se sont révélées importantes par la suite. Les pays candidats, pour pouvoir devenir membres, devaient avoir des institutions stables, une démocratie politique, un État de droit, respecter les libertés et avoir une économie de marché. Il y avait aussi la capacité d'assurer les obligations de l'Union et notamment l'intégration ultime dans l'union économique et monétaire. Ceci comprenait également l'acceptation de l'acquis communautaire, un ensemble considérable de réglementations et de législation européennes qui, en fait, constitue un élément essentiel ce qu'on peut appeler l'« ancrage européen » de la transformation et de la transition en Europe centrale. On note toutefois que l'Europe sociale, c'est-à-dire la protection sociale, la réglementation sociale, était absente des conditions posées, dans la lignée de l'approche néo-libérale des années 1990.

L'ancrage européen a été décisif puisque, dans tous les pays, un consensus politique s'est manifesté, et s'est maintenu à travers les changements de gouvernement, qui ont été fréquents dans les années 1990. Avec le recul, on peut affirmer que cet ancrage européen a joué un rôle fondamental en polarisant l'ensemble du changement institutionnel. Il faut ajouter que la Commission européenne a eu un rôle de pilotage actif, avec des rapports annuels sur l'état d'avancement du changement dans les différents pays. Des exigences de réformes juridiques, administratives, etc. ont été formulées, année après année, dans le but de l'adhésion. Un autre facteur doit être souligné, ce que la Banque mondiale a appelé (dans une expression pour une fois pertinente, teintée d'ailleurs d'autocritique) - la « capacité administrative » de l'État. La conditionnalité européenne a poussé les administrations nationales à consacrer des forces importantes à la préparation de l'adhésion. C'est une grande différence entre l'Europe centrale et le monde post-soviétique dans lequel on a souvent assisté au cours de la première décennie à un effondrement de l'État, à une perte de capacité fiscale, administrative, et à une fragmentation politique et monétaire. Dans l'ensemble des pays d'Europe centrale, au contraire, durant la période particulièrement critique des années 1990, on a vu un maintien puis un renforcement de la capacité administrative de l'État.

L'adhésion des pays d'Europe de l'Est a eu en retour un impact sur l'Europe elle-même. La perspective de fédéralisme politique, qui était en partie présente, n'a plus été prise en considération, dès les années 2000, par les candidats à l'adhésion, elle a même été jugée avec une grande méfiance. La plupart des nouveaux pays membres ont considéré l'Europe comme un grand marché plutôt que comme une entité, se coulant bien dans le néo-libéralisme de la construction européenne. La dimension sociale, qui est, malgré tout, un aspect important de ce qu'ont en commun les anciens pays de l'Union européenne, a été reléguée au second plan, voire laissée de côté durant cette période.

Si nous essayons d'établir un bilan sur vingt ans, nous pouvons parler de consolidation démocratique. Rapidement, les nouvelles institutions démocratiques ont été admises par l'ensemble des acteurs politiques, les différents partis politiques, et assez vite, aucune de ces institutions n'a été fondamentalement contestée. Au contraire, nous avons été surpris, les premières années, de l'alternance politique, en particulier parce que les partis communistes se sont reconvertis en nouveaux partis socialistes et ont gagné les élections du deuxième tour dans plusieurs pays, et ont maintenu et consolidé l'orientation générale. D'où cette consolidation démocratique qui peut être considérée pour l'essentiel comme ayant été acquise assez vite.

Un autre aspect important est la différenciation de la sphère politique et économique. Encore une fois, le contraste est très net avec la Russie ou l'Ukraine, où l'imbrication des nouveaux acteurs économiques et politiques reste encore très forte jusqu'à ce jour. Cette séparation du monde de l'économie et de la sphère politique s'étant consolidée en Europe centrale, nous pouvons considérer que c'est un élément important de l'originalité de la trajectoire de ces pays.

Concernant ce que l'on pourrait qualifier de transformation et de consolidation capitalistes, avec le recul, nous pouvons dire que cela s'est vérifié, mais sur une période plus longue. D'une certaine façon, la consolidation démocratique et politique s'est révélée plus rapide que la transformation économique capitaliste, puisqu'un grand nombre de transformations institutionnelles, concernant la propriété en particulier, ont nécessité une période nettement plus longue de changements.

L'intégration à l'Union européenne a été, évidemment, une force commune à tous ces pays, mais elle a pris au moins une quinzaine d'années, c'est-à-dire beaucoup plus que ce qu'espéraient la plupart des pays candidats dans la première période. Nous pouvons considérer que tous ces pays se sont assez vite intégrés à l'économie européenne et mondiale ; toutefois, ce qui les caractérise aujourd'hui, c'est le degré élevé de leur dépendance économique - j'y reviendrai. La transformation institutionnelle a été très profonde, et a rendu nécessaire des changements législatifs importants, avec cependant des temporalités diverses. Les changements constitutionnels, dans les règles politiques et le fonctionnement des régimes politiques, sont intervenus dans la première période, tandis que la législation économique a connu une évolution beaucoup plus longue et parfois plus complexe. Ainsi, la privatisation a pris, selon les pays, une dizaine d'années. En fait, ce sont des méthodes très diverses qui ont été employées. On a vu apparaître un phénomène de la propriété enchevêtrée dans les années 1990 dans plusieurs pays, mais avec le temps s'est produite une « normalisation » de la structure de la propriété ; les investissements étrangers ont également joué un rôle essentiel.

Concernant les tendances macro-économiques, des périodes bien tranchées se sont succédé. La première fut une période de dépression. Elle a été qualifiée de « récession transformationnelle » mais c'est un euphémisme, il s'agit d'une véritable dépression post-socialiste, compte tenu de sa durée et de son ampleur. Mais après cette première phase, on observe un retour à une croissance positive avec une période de croissance instable, permettant un rattrapage de la situation d'avant la crise, opérant dans un contexte de forts changements structurels de l'économie. En fait, les niveaux de 1989 n'ont été retrouvés, dans la plupart des économies de la région, qu'au tournant des années 1990, donc pratiquement dix ans plus tard. Il a fallu attendre les années 2000 pour avoir une phase de taux de croissance élevés. Période assez longue, puisqu'elle durera pratiquement huit ans selon les pays, ceci au moment où l'Europe de l'Ouest était au contraire dans une phase de faible croissance. Cette idée de convergence, du fait de l'intégration européenne, accompagnée d'une tendance au rattrapage des pays de l'Est par rapport aux pays de l'Ouest, a été mise en avant, et c'est ce qui a donné lieu à des bilans très optimistes au moment de la période de l'adhésion. Enfin, à partir de 2008, la crise internationale a eu un impact négatif sévère dans un grand nombre de pays.

Dans la première phase, la plupart des pays ont tenté de construire un capitalisme national post-socialiste, mais après quelques années, notamment à cause de problèmes rencontrés lors des privatisations, les gouvernements de la région vont se tourner vers l'ouverture internationale accélérée, sous la pression de l'Union européenne elle-même, et des firmes multinationales qui voyaient là une occasion d'investissements importants. Ceci va transformer assez fortement le rôle de l'État, car la plupart des États vont chercher à attirer au maximum les investissements étrangers, notamment par la concurrence fiscale et toutes sortes de politiques qui conduiront, en fait, à l'émergence d'« États concurrentiels ». Ces investissements étrangers vont arriver essentiellement à la fin des années 1990 et dans les années 2000, puis vont prendre une extension considérable. Si bien qu'avec le recul, nous pouvons dire qu'ils ont contribué fortement à l'intégration très significative de ces économies dans l'économie européenne en général, et dans l'économie mondiale. Tous ces pays vont connaître une ouverture commerciale importante, et pour certains exceptionnelle ; dans les années 2000, une part importante des industries, notamment les industries exportatrices, sont sous contrôle étranger, quant au système bancaire, en particulier, il est au 3/4 (ou plus) propriété étrangère.

Le degré d'ouverture commerciale est nettement plus élevé chez les nouveaux pays membres que chez les anciens ; la part du commerce intracommunautaire est de 10 points de plus dans les nouveaux pays membres. Certains pays ont connu une relative remontée technologique, les « pays de Visegrad » (Pologne, Tchéquie, Slovaquie, Hongrie) et la Slovénie, par contre d'autres, notamment les Pays baltes, la Bulgarie et la Roumanie ont des produits ou des secteurs à densité de main-d'œuvre beaucoup plus importante et à densité technologique beaucoup plus faible. Ce qui est commun à tous ces pays, c'est un déficit commercial structurel, qui est apparu au début des années 1990 et qui se poursuit jusqu'à aujourd'hui.

On évoque parfois une économie duale comme effet de l'internationalisation, car si les multinationales présentes dans ces pays modifient la spécialisation de nouveaux pays membres, le secteur exportateur dominé par les capitaux étrangers reste assez déconnecté du secteur domestique. On observe un important développement des sous-traitants domestiques notamment dans l'automobile, qui est une branche qui a beaucoup investi dans cette région, mais la plupart de ces sous-traitants sont de deuxième, voire de troisième rang. Il apparaît donc que le degré de dépendance de ces économies vis-à-vis du capital étranger et des multinationales, notamment européennes, est en moyenne beaucoup plus élevé que dans des économies de taille similaire, elles aussi engagées dans un processus de rattrapage.

Dans le cadre des tendances générales, les trajectoires nationales ou régionales sont restées différenciées. On peut citer la typologie de Bohle et Greskovits, qui ont distingué le « régime libéral » des Pays baltes où la concurrence fiscale a été la règle, et où des multinationales mobiles ont investi, prêtes à « rentrer » et à « sortir » rapidement, le « libéralisme encastré » des pays de Visegrad, où il y a une protection sociale significative, une priorité à la modernisation industrielle et à l'attraction des investissements étrangers, ainsi qu'une structure des exportations plus avancée, enfin le « néo-corporatisme » slovène, marqué par un gradualisme consensuel pour la privatisation comme pour l'ouverture extérieure, et un rôle important des négociations sociales.

La dépendance économique se manifeste dans ce qu'on pourrait appeler un régime d'accumulation extravertie, ou une européanisation dépendante. Cette extraversion est largement au-dessus du niveau normal observé dans les pays de type similaire ; elle a été considérée très positivement dans les années 2000, mais cette situation s'est renversée après la crise de 2008. La situation historiquement périphérique (ou semi-périphérique) de l'Europe centrale et orientale vis-à-vis de l'Europe de l'Ouest, particulièrement soulignée par l'historien Ivan Berend, est toujours d'actualité, sous de nouvelles formes caractéristiques de la mondialisation et de l'européanisation contemporaines.

A propos du rapport entre capitalisme et démocratie, il ressort une absence de causalité manifeste, à moyen terme, entre cette transformation politique de passage à la démocratie et la transformation économique du passage au système capitaliste. Tous ces pays ont connu à la fois cette transformation démocratique et cette transition économique, et l'on peut donc dire que ces deux phénomènes ont été concomitants, sans qu'il soit évident de trouver un lien de causalité directe, dans un sens ou dans l'autre. Par contre nous observons que l'ancrage européen a été décisif. C'est ici qu'il faudrait faire intervenir la comparaison avec des pays comme la Chine, et à un moindre degré la Russie, comme exemples contraires de transformations capitalistes tout à fait significatives dans la période récente qui n'ont pas été accompagnées de transition démocratique dans le domaine politique. La question du rapport entre démocratie politique et capitalisme économique demeure controversée, comme plus généralement la question du rapport entre progrès politique et progrès économique. Certains affirment une causalité forte entre ces deux évolutions, mais en réalité elle n'est guère confirmée par l'Histoire. La thèse la plus convaincante est sans doute celle de Hirschman, qui, à la lumière de la diversité des expériences historiques, évoque les « connexions discontinues » entre progrès politique et progrès économique. Une tentative de conclusion consisterait à faire observer que dans l'Histoire, les expériences de « capitalisme raisonnable » (pour reprendre l'expression de J. R. Commons) ont toutes eu lieu dans des pays à régime politique démocratique. C'est une conclusion très modeste, mais qui peut avoir son importance au regard de la transformation engagée en Tunisie.

La Georgie post-sovietique : deux decennies d'incertitudes

Eveline Baumann
UMR 201 « Développement et Sociétés » (IRD / Université Paris I)

*Au moment de l'indépendance, les populations géorgiennes aspiraient à une « vie meilleure » que pendant la période soviétique, tout simplement. Les décideurs, eux, promettaient à la fois démocratie et prospérité, grâce à l'économie de marché, appuyés en cela par les agences internationales. Qu'est devenue cette double promesse au cours des deux décennies de l'histoire post-soviétique de la Géorgie ? Après avoir été un « bastion de liberté » (G. W. Bush) et un « top reformer » (*Doing Business*), le petit pays sud-caucasien a vu se ternir son image sur le plan international, la guerre d'août 2008 représentant une rupture par excellence. Alors que les autorités de Tbilissi poursuivent les options économiques ultra-libérales, les populations sont confrontées à la dégradation de leur niveau de vie, notamment dans les campagnes, et l'incertitude par rapport à l'avenir handicape toute projection dans le temps. On présentera un bilan de l'expérience de la Géorgie post-soviétique, en privilégiant une approche « par le bas » et en articulant le politique et l'économique. On interrogera tout particulièrement les politiques sociales.*

L'éclatement de l'empire soviétique en une trentaine d'Etats successeurs appelés, par commodité, « pays en transition », a généré les espérances les plus folles auprès des populations concernées. Il en fut de même en Géorgie. Dans ce petit pays sud-caucasien, indépendant depuis 1991, ces espérances devaient même être ravivées en 2004, lorsqu'à la suite de la première révolution de velours dans l'espace post-soviétique, son protagoniste Mikheïl Saakachvili accéda à la présidence de la République. Cependant, après deux décennies de « transition », les Géorgiens sont, dans l'ensemble, désabusés, un sentiment qu'ils partagent avec un grand nombre de ceux qui, eux aussi, ont connu la domination de Moscou. Un sentiment qui, selon toute évidence, a aussi tendance à se renforcer, sans que la communauté internationale ne s'en émeuve particulièrement...[1] « Ce n'est pas le cheval que nous voulions ».

C'est par cette locution empruntée à la Hongrie que l'on peut paraphraser la manière dont de très nombreux Géorgiens perçoivent les évolutions

1. Je tiens à remercier les membres du Centre for Social Studies à Tbilissi [http://cssge.ge/], dont notamment Marina Muskhelishvili, de leur grande disponibilité à mon égard et des nombreuses discussions stimulantes.

politiques et économiques du passé récent. Il y a quelques années déjà, le rapport « *Life in Transition* » de la BERD (Banque européenne pour la reconstruction et le développement), premier document à proposer une vue d'ensemble sur la représentation de la vie au quotidien dans les anciens « pays de l'Est », donnait des indications utiles à cet égard (EBRD 2007). Entre 60 et 70 % des Géorgiens interrogés à l'époque estimaient que la situation économique était moins bonne qu'à l'époque soviétique. Quant à la situation politique, les pessimistes furent moins nombreux, entre 30 et 40 % de la population. Un certain nombre d'éléments portent à croire que la situation ne s'est guère améliorée, bien au contraire.

En effet, depuis le moment où la BERD a « pris la température » de ceux dont la vie serait « en transition », la Géorgie a traversé de lourdes épreuves : elle a durement ressenti les répercussions de la crise financière, a vécu, en 2008, la guerre avec la Russie - d'une durée brève, certes : cinq jours… - et elle a connu de nombreuses manifestations qui ont été sanctionnées souvent par l'intimidation, parfois par la force, en dépit de leur caractère pacifique (Baumann 2009, Tarkhan-Mouravi 2011). Fin mai 2011, la veille de la Journée de l'Indépendance, la répression d'une de ces manifestations a pris une tournure dramatique : plusieurs personnes devaient y laisser leur vie - fait sans précédent depuis que le pays s'est séparé de l'ancienne puissance soviétique -, les arrestations furent nombreuses[1], et l'on signale des disparitions d'activistes opposants. Nombreux sont les Géorgiens qui, huit ans après la Révolution des Roses, réclament un nouveau renversement. Recommencer ? Pour aller dans quelle direction ?

Et pourtant, s'il y a un domaine dans lequel la Géorgie semble exceller, c'est celui de l'économie (Baumann 2008, Papava 2011). Les performances sont impressionnantes, du moins lorsque l'on considère les données macro-économiques. Pendant plusieurs années, la croissance frôlait, voire dépassait, les 10 % par an ; en 2010, elle était supérieure à 6 %[2]. Á en croire un certain nombre d'indicateurs, la greffe néo-libérale aurait pris. Ainsi, d'après le classement de *Doing Business*, agence de *benchmarking* de la Banque mondiale qui tente de mesurer l'environnement des affaires, la Géorgie occupe le respectable 12ème rang parmi les 183 pays passés en revue. Mais les fruits de cette croissance n'ont pas donné lieu à la répartition tant souhaitée

---

1. Voir, entre autres, des articles sur http://www.geotimes.ge/ et le site de l'Ombudsman, où l'on trouve la liste des personnes arrêtées [http://www.ombudsman.ge/], ainsi que http://slacktivista.com/2011/06/01/suliko/ et http://monitori.ge/video_blank.php?vid=262. NB : tous les sites Internet mentionnés ont été consultés début juin 2011.

2. Une croissance qui, tout comme dans d'autres pays post-communistes, s'explique, entre autres, par le nécessaire rattrapage de l'économie consécutif au démantèlement des structures de production soviétiques.

par la population ; les inégalités sont perceptibles de visu. Si les manifestations récurrentes sont motivées par le dénuement matériel des populations, d'autres motifs viennent s'y ajouter, comme le mécontentement des Géorgiens face à la gouvernance du pays.

Le cas de la Géorgie paraît assez symptomatique du désenchantement qui est susceptible de se répandre à la suite d'une révolution (Khutsishvili 2009, Muskhelishvili et Jorjoliani 2009, Wheatley 2010). Lorsque fut déclenchée la « Révolution des Roses », sans doute plus encore qu'au moment de l'Indépendance, les populations géorgiennes aspiraient à une « vie meilleure », tout simplement. Les décideurs nationaux, eux, raisonnaient en termes de démocratie et d'économie de marché, pensant que les deux allaient forcément de pair. Et en cela, ils n'ont fait que reprendre le discours de certaines agences de développement et autres organisations internationales de la société civile…

Quelles sont alors les leçons que l'on peut tirer de l'expérience géorgienne, des espérances qu'a éveillées la Révolution des Roses, de l'insatisfaction des Géorgiens avec le régime issu de cette Révolution, insatisfaction que l'on peut espérer temporaire ? Avant de répondre à cette question, il convient de s'intéresser de près à quelques spécificités du pays.

Les spécificités de la Géorgie

Ces spécificités sont tout d'abord imputables à la position géographique de la Géorgie. Situé à la frontière septentrionale de la Russie, le pays revêt un intérêt géostratégique remarquable pour l'ancienne puissance coloniale. En effet, compte tenu de la composition ethnico-linguistique particulièrement complexe et des frontières fixées souvent de manière arbitraire (cartes 1 et 2, Urjewicz 2011), les conflits armés sont fréquents. Moscou, ayant vu s'effriter son empire, continue à vouloir affirmer son emprise sur ses voisins immédiats et a tendance à montrer, de manière récurrente, qu'elle est en mesure de réprimer par la force toute résistance à son égard. La Géorgie est aussi un pays de transit, traversé non seulement par un important axe routier – partiellement en devenir - mais aussi et surtout par des oléoducs et gazoducs reliant l'Europe de l'Est et l'Asie centrale. Á ce sujet également, Moscou tient à contrôler son voisin du Sud.

L'Union européenne veut, elle aussi, avoir son mot à dire dans la zone. Il s'agit de sécuriser la région et d'empêcher l'installation, à sa porte, de foyers de troubles politiques qui risqueraient d'avoir un effet contagieux pour l'Europe dans son ensemble et de générer des flux migratoires non désirés par les pays « d'accueil ». C'est aussi à ce titre que la Géorgie bénéficie de la Politique européenne de voisinage, comme les pays riverains de la Méditerranée, et du Partenariat oriental, indépendamment de ses éventuelles potentialités de partenaire.

Carte 1 : L'Union européenne et les pays du Partenariat oriental

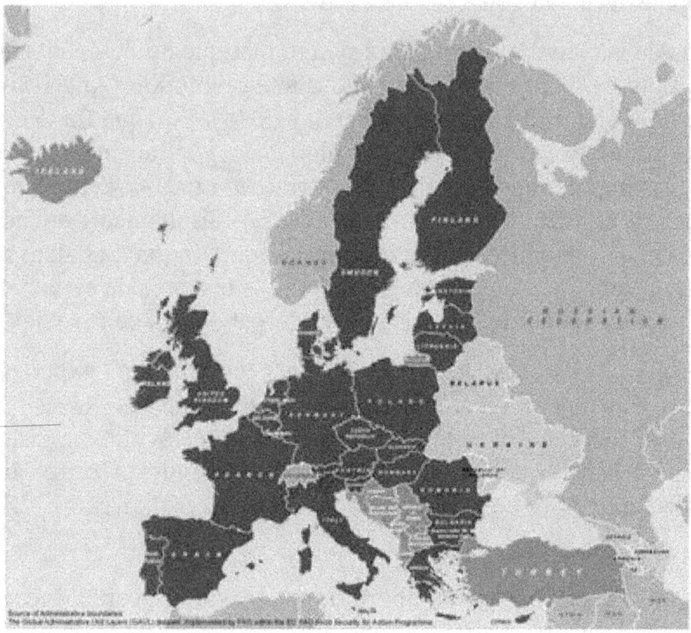

Source : http://eeas.europa.eu/eastern/

Carte 2 : Groupes ethnolinguistiques dans le Caucase

Source : http://en.wikipedia.org/wiki/File:Caucasus-ethnic_en.svg
économique (Delcour 2011, Natsvlishvili 2009)

Cet intérêt géostratégique mérite cependant d'être nuancé. Il est vrai que, pendant longtemps, Moscou tenait à contrôler le passage des hydrocarbures, mais ce souci s'est quelque peu estompé au fil du temps. De même, les autorités de Tbilissi ont souvent tendance à surestimer l'intérêt que présente leur pays pour Bruxelles et à l'instrumentaliser à des fins de politique politicienne. Une chose est certaine : compte tenu de l'état de son économie, c'est essentiellement la Géorgie qui bénéficie du rapprochement avec l'Union européenne, à cause des appuis financiers accordés par l'Union tout d'abord, mais aussi du prestige que tirent les autorités de Tbilissi de la proximité symbolique avec Bruxelles.

Parmi les spécificités de la Géorgie, c'est surtout la rupture avec le passé soviétique qui mérite d'être soulignée, toujours par opposition à ce qui peut se passer dans d'autres pays également dits « en transition ». Rupture politico-administrative tout d'abord, puisque dès le lendemain de l'indépendance, il s'agissait de doter la Géorgie d'institutions permettant aux populations de s'identifier avec ce nouvel État en gestation et de pourvoir ce dernier d'insignes qui lui soient propres : institutions de la vie politique, services administratifs, appareil juridique, monnaie, système d'éducation et de formation, système électoral, protection sociale, etc.

Rupture économique ensuite, puisqu'il fallait construire une économie susceptible de remplacer le système planifié, basé sur la coopération entre les États membres de l'URSS. L'effondrement de l'empire soviétique ne sonna pas le glas de ces relations vieilles de plusieurs décennies. Alors que la Géorgie perdait ses fournisseurs à bas coût et ses marchés d'exportations quasiment illimités et que les infrastructures de transport de la sous-région étaient démantelées, les biens produits traditionnellement n'étaient pas compétitifs sur les nouveaux marchés qu'il s'agissait de conquérir. Le système de production soviétique s'est désarticulé progressivement, faisant place, timidement, à des structures compatibles avec l'économie de marché. Cette évolution devait aussi s'accompagner de réflexions par rapport aux politiques publiques à mener.

Sortir du chaos, grâce aux lois du marché…

Les tâches qui attendaient les décideurs de Tbilissi au lendemain de l'indépendance furent considérables. Il fallait, tout d'abord, défendre les frontières du pays et accueillir en terrain sûr les quelque 250 000 déplacés internes. Une autre urgence s'imposait à eux, celle d'assurer le passage de l'économie planifiée à l'économie de marché, passage qui se traduisait, dans un premier temps, par la privatisation des unités industrielles, d'une part, la dissolution des fermes d'État et la distribution aux particuliers des terres auparavant cultivées collectivement, d'autre part. Compte tenu des urgences, ces différentes initiatives ne devaient aboutir que partiellement. Plus encore, l'État social - auparavant inclusif, procurant aux travailleurs des revenus plus ou moins décents tout au long de leur vie et garantissant aussi des soins de santé relativement corrects - avait cessé de fonctionner. Les pensions de retraite - essentielles dans une société comptant une proportion de personnes âgées comparable à celle que connaissent les pays d'Europe occidentale - n'étaient pas versées pendant de longs mois. Plusieurs années de suite, l'inflation fit des ravages, ceux qui en avaient la possibilité se repliaient sur l'agriculture de subsistance, une stratégie de survie à même de limiter les dégâts du chaos ambiant[1].

Rien d'étonnant alors que la grande majorité de la population géorgienne accueillit Mikheïl Saakachvili comme celui qui allait sauver la Géorgie d'un déclin sans issue, omettant par là même que les premiers jalons des réformes à venir furent posés par son prédécesseur Shevardnadze. Dès le début de son mandat, les options de « Misha », comme l'appellent ses compatriotes, furent claires : rétablir l'ordre public et la sécurité intérieure, construire un État moderne et mettre en place une économie de marché conforme aux préceptes des agences internationales. Un certain nombre de réalisations sont effectivement impressionnantes : rétablissement de la sécurité au jour le jour, suppression de la petite corruption - perpétrée notamment par les agents de la circulation -, construction d'infrastructures de communication, stabilisation de la monnaie nationale, mise aux normes fiscales des entreprises d'une certaine envergure, réduction drastique du nombre de taxes, simplification des procédures pour la création d'entreprises et des formalités administratives pour les particuliers. Et si aujourd'hui *Doing Business* félicite la Géorgie pour ses performances, c'est aussi parce que les démarches administratives sont informatisées à un degré qui cherche son égal en Europe occidentale[2].

Depuis la Révolution des Roses, le maître mot des autorités de Tbilissi est la modernisation de l'environnement de l'entreprise, censée permettre l'épanouissement de l'initiative individuelle. L'ultra-libéralisme devient alors la doctrine du régime. Kakha Bendukidze, l'un des protagonistes de cette approche et ancien conseiller de Mikheïl Saakachvili l'exprimait ainsi :

« La priorité de toute politique économique doit être une dérégulation maximale de l'économie, et en Géorgie, c'est de l'ultra-libéralisme. Parce que si la Géorgie veut construire un pays normal, son économie doit croître très rapidement. »[3]

Lado Gurgenidze, successeur de Kakha Bendukidze et ancien Premier ministre, lui, affirmait :

---

1. Ce qui explique que, même de nos jours, un actif sur deux s'occupe du travail de la terre, contre un sur quatre en 1991.
2. Voir, par exemple les sites de l'Agence d'enregistrement civil [http://www.cra.gov.ge/] et de l'Agence nationale d'enregistrement public [http://www.napr.gov.ge/].
3. « Kakha Bendukidze promet des réformes ultra-libérales en Géorgie » (en russe), Polit.Ru, 2 Juin 2004. [http://www.polit.ru/news/2004/06/02/benduk.html]. Voir aussi ESI (2010a, 2010 b, 2010c).

[…] « Nous sommes des libertariens […] », «[…] nous n'avons pas de politique industrielle dans quelque secteur que ce soit[…] », et « […] nous prenons toute activité légale… peu importe d'où vient la croissance […] »[1].

La quasi-absence de politique économique ne concerne pas seulement le domaine industriel, loin s'en faut. On cherchera aussi en vain une véritable politique de l'emploi[2] ainsi que des mesures relatives à l'agriculture de type familial ou aux petits métiers, etc., un fait qui semble irriter les partenaires internationaux, que ce soient les États-Unis, au travers de l'USAID, ou bien la Commission européenne (2011). En revanche, ce sont des mesures *ad hoc* qui font office de « politique », mesures généralement médiatisées par des supports étroitement contrôlés par le pouvoir en place. Et alors qu'en 2010 encore, la Géorgie de Mikheïl Saakachvili était supposée devenir un nouveau Dubaï[3], à peine un an après, c'est dans le tourisme que résideraient des potentialités jusqu'alors insoupçonnées[4].

Aux yeux des décideurs, la croissance économique promue par les lois du marché est considérée comme le seul moyen susceptible de conjurer le danger majeur pour le pays : la Russie voisine. Et paradoxalement, pour entretenir les investissements étrangers, qui ont chuté après la guerre d'août 2008, les autorités de Tbilissi ne rechignent pas non plus à accueillir les capitaux d'origine… russe. Le président le dit explicitement :

« Nous n'allons pas empêcher des sociétés russes de s'installer en Géorgie. […] Plus il y aura d'intérêts commerciaux, moins il y aura de pression politique. Je n'ai jamais dit que la Géorgie n'a pas besoin de business russe. »[5] … au détriment de la construction d'un État social inclusif et démocratique.

Or, en dépit des progrès attestés par les données macro-économiques, la pauvreté continue à sévir. Elle est palpable, même si son chiffrage s'avère difficile, tant les mesures sont aléatoires et soumises à des changements récurrents de méthodologie. C'est tout particulièrement en milieu rural que les

1. « A Conversation with Lado Gurgenidze, Former Prime Minister of Georgia », Milken Institute Global Conference 2009, April 27-29 [http://www.milkeninstitute.org/].

2. Concrètement, cela signifie qu'il n'existe pas de document officiel qui préciserait la politique de l'emploi.

3. « Saakashvili: Georgia Will Be Like Dubai in 5-7 Years », Civil.ge, June 22, 2010 [http://www.civil.ge/eng/_print.php?id=22438].

4 Et le président de promettre à la population d'ouvrir personnellement, brevet de pilote en poche, les aéroports qui devront être construits à cet effet. Source : « Tourism Boom in Georgia Expected to Continue », The Messenger, 11 mai 2011 [http://www.messenger.com.ge/issues/2354_may_11_2011/2354_salome.html].

5. « Georgia's Saakashvili Won't Impede Russian Business », Bloomberg.com, March 13, 2009 [http://bloomberg.com/].

conditions de vie sont difficiles, que souvent les pensions de retraite sont les seules sources de revenus monétaires, que l'autoconsommation alimentaire est la règle, la plupart des autres dépenses des ménages s'effectuant par le troc.

L'équipe au pouvoir à Tbilissi fait entièrement confiance aux mécanismes de marché, nous l'avons dit. Cette approche a des répercussions lourdes de conséquences dans le domaine social. En effet, cela signifie que la pauvreté et les inégalités sont supposées se résorber quasi automatiquement par la croissance économique, que l'on estime ne pas avoir besoin de mécanismes de régulation ou de mesures susceptibles de redistribuer les fruits de la croissance. Cela signifie aussi que le dialogue social est considéré comme un exercice superflu, que la défense des travailleurs par des organisations représentatives est présentée comme un luxe. Une telle approche est cependant particulièrement préjudiciable au déclenchement d'un processus de démocratisation, si nous entendons par là un processus de développement vers plus d'égalité et d'implication des individus, une conception qui va donc explicitement au-delà de simples préoccupations électorales.

Deux décennies après l'indépendance du pays, le processus de démocratisation semble en panne. On peut en prendre pour preuve la situation de l'Etat social (Baumann 2010). Celui-ci a été largement démantelé et les mesures sociales sont réduites à leur plus simple expression. La protection sociale est essentiellement destinée à stabiliser le niveau de pauvreté, ce qui représente une rupture par rapport au système inclusif soviétique, rupture durement ressentie par les populations et tout particulièrement par les personnes âgées. En effet, alors qu'en 1991, les dépenses sociales étaient de l'ordre de 12 % du PIB, elles ne correspondent, en 2007, qu'à 4 %. Toujours en 1991, le taux de remplacement des retraites était de l'ordre de 70 %. Aujourd'hui, la pension de retraite - 80 lari en 2011, soit environ 33 € - correspond tout juste à 12 % du salaire mensuel moyen. Et pourtant, dans beaucoup de ménages, elle représente la seule rentrée monétaire[1].

Un autre élément indispensable au processus de démocratisation pâtit, lui aussi, des répercussions de l'ultra-libéralisme cher aux autorités de Tbilissi, à savoir la législation du travail telle qu'elle s'exprime à travers le Code du travail. Élément central pour la protection des travailleurs contre d'éventuels abus de leurs employeurs, d'une part, pour la lutte contre le dumping social dont pâtiraient les travailleurs des partenaires commerciaux, d'autre part, le Code du travail géorgien, élaboré sans véritable implication des syndicats et voté en 2006, est particulièrement sommaire et ultra-libéral. A un point tel que l'OIT, tout comme l'Union européenne, tentent depuis des années d'obtenir

---

1. Sources : Social Service Agency [http://www.ssa.gov.ge/index.php?id=31&lang=2] et National Statistics Office of Georgia [http://www.geostat.ge/].

des amendements, ainsi que des garanties quant à la non-discrimination des syndiqués et quant au droit de grève. Mais sans trop de succès. Dans l'espace post-soviétique, la Géorgie est d'ailleurs le seul pays où les décideurs essaient de faire disparaître les syndicats, tout simplement, en faisant fi de leur existence dans les négociations supposées être tripartites. D'aucuns, comme ce penseur du régime, estiment même que les syndicats sont des « inventions » des pays occidentaux, destinées à nuire à l'économie géorgienne et que le pays pourra parfaitement s'en passer[1].

Le déficit de démocratie se révèle aussi dans d'autres domaines. Ainsi, la propriété des médias est peu transparente et l'accès à l'information plurielle est semé d'embûches, un fait qui est aussi souligné par les autorités européennes (Commission européenne 2011)[2]. En effet, alors que dans la capitale on peut accéder à une seule chaîne de télévision critique par rapport au régime en place, dans les zones rurales, il faut disposer pour cela d'une parabole. Mais le coût d'un tel dispositif est prohibitif pour la très grande majorité de la population. De même, Bruxelles déplore la discrimination des minorités ethniques et religieuses et regrette la stigmatisation de la communauté homosexuelle.

On signalera, enfin, un autre indicateur pour les pratiques arbitraires, à savoir le nombre de prisonniers. En Géorgie, il atteint des records dans l'espace post-soviétique. Selon l'*International Center for Prison Studies* - qui utilise des données d'Eurostat - fin 2010, le pays comptait 538 prisonniers par 100 000 habitants, soit 29 % de plus que trois années auparavant[3]. Autant d'éléments qui donnent un goût amer par rapport aux espérances réveillées par la Révolution des Roses. Les événements de fin mai 2011 ne font que le renforcer…

Économie néo-libérale et processus de démocratisation : des temporalités différentes

Les mots d'ordre au moment de la Révolution des Roses étaient introduire l'économie de marché et promouvoir la démocratie grâce à un État moderne. Ils rencontraient un écho favorable auprès des bailleurs de fonds et des agences internationales, tout en rassurant les investisseurs étrangers. La poursuite simultanée de ces deux objectifs s'avéra cependant très vite une entreprise difficilement réalisable, ne serait-ce que parce que les deux

1. http://giajandieri.blogspot.com/2006/05/labor-market-unions-and-new-labor-code.htm, 12 mai 2006.

2. En revanche, début juin 2011, la présence d'une actrice de Hollywood pour la sortie du film « Five days in August » - sous-entendu août 2008, mois de la guerre avec la Russie -, commandé par les autorités géorgiennes, est médiatisée comme un événement d'État.

3. Source : http://www.prisonstudies.org/. Á titre d'information, pour la Tunisie, ce chiffre fut de 263 en 2004 (données les plus récentes).

renvoient à des temporalités différentes. En effet, toutes proportions gardées, il est plus aisé de décréter des lois et de mettre en place des organisations économiques que de faire accepter, par les décideurs et l'opinion publique, des mécanismes de contrôle et de sanction en cas d'abus, de se rendre à l'évidence que l'économie de marché est génératrice de pauvreté et d'inégalités et que ces inégalités appellent des instruments de redistribution. Dit autrement, l'apprentissage de l'agir démocratique s'inscrit forcément dans le long terme.

La plupart des pays post-soviétiques n'ont pas réussi le passage simultané vers l'économie de marché et davantage de démocratie. Ils sont entrés dans une « zone grise » (Carothers 2002), caractérisée par un grand nombre de modalités de « transition ». Il est vrai que, dans ces pays, on trouve bel et bien des attributs de la vie démocratique, tels qu'un certain espace pour l'opposition et la société civile, des élections libres, etc. Mais, souvent, ces élections sont peu légitimes, les citoyens et leurs intérêts sont peu ou mal représentés, la mobilisation politique est handicapée par des abus de pouvoir perpétrés par les autorités publiques, etc. Ce risque guette, bien entendu, aussi d'autres pays dits « en transition ».

La Géorgie ne représente pas une exception à cette « transition » vers une « zone grise », bien au contraire. Certes, la société civile y semble plus vigoureuse que dans les deux autres pays sud-caucasiens, les syndicats - en dépit de leur effacement - ont une existence effective. Mais ce qui joue en défaveur de pratiques démocratiques plus répandues, c'est le danger qui émane de Moscou, émanation imaginaire ou effective. Le danger russe est régulièrement évoqué pour empêcher que ne s'expriment les aspirations démocratiques. Les décideurs ne s'en cachent d'ailleurs pas lorsqu'ils disent :

« [...] Nous avons été parfois négligents pour les réformes démocratiques... l'environnement sécuritaire étant particulièrement démocratique [...] (Genté 2011 : 76) ».

Que pouvons-nous conclure de l'expérience géorgienne, notamment depuis que la Révolution des Roses a porté au pouvoir Mikheïl Saakachvili ? Sans conteste, il s'agit d'une révolution qui a favorisé la croissance macro-économique, tout en permettant la modernisation de l'appareil de l'État. Il n'en reste pas moins que, contrairement à ce que croyaient pendant longtemps la plupart des Géorgiens ainsi que la communauté internationale, ce ne fut pas une révolution démocratique, mais une révolution néo-libérale. En termes de démocratisation, l'on peut même constater un certain recul, car les droits individuels tels que la liberté d'expression, l'adhésion à des syndicats, etc. sont moins bien respectés, en 2011, qu'il y a encore quelques années. Plus encore, la tendance consistant à voir en tout critique du régime un « agent de Moscou » ne saurait être la solution au déficit actuel de démocratie.

***

Dans quelle mesure l'expérience géorgienne - tout comme un grand nombre d'autres expériences post-soviétiques -, peut-elle être instructive pour les pays dits « en transition », notamment ceux ayant connu une révolution au printemps 2011 ? Tout d'abord, il est manifeste que la rupture avec un régime autoritaire quel qu'il soit ne conduit pas automatiquement vers la démocratie[1]. Les expériences sont nombreuses à attester cette non-automaticité, pas seulement celle de la Géorgie. Plus encore, la démocratisation doit avant tout être considérée comme un processus et non un état plus ou moins définitif[2]. Il ne s'agit d'ailleurs pas d'un processus linéaire. Bien au contraire, c'est un processus ponctué d'avancées et de revers, dont la Géorgie actuelle nous fournit, justement, un exemple tout à fait évocateur. Une autre idée, souvent exprimée après l'éclatement de l'empire soviétique et mise en avant au lendemain de la Révolution des Roses, consiste à surévaluer l'importance des élections en tant qu'élément générateur de démocratisation. Si essentielles soient-elles, les élections ne suffisent pas pour inaugurer des réformes. Ce qui incombe tout autant, sinon plus, c'est le volontarisme bien dosé des autorités publiques, indépendamment de l'histoire du pays et de son état de « développement ». Autrement dit, pour réussir le processus de démocratisation, il faut avant et surtout un État cohérent et efficace, un État qui ait de véritables projets économiques et sociaux à long terme, un État qui accepte le pluralisme d'idées et qui soit ouvert au débat, sans se retrancher derrière une quelconque menace d'un ennemi effectif ou imaginaire.

Références bibliographiques

Baumann Eveline, 2008. « L'économie géorgienne. Menaces au présent, poids du passé, incertitudes pour l'avenir ». Note n° 7, Paris, Fondation Jean Jaurès, 3 octobre, 12 p. [http://recherche-iedes.univ-paris1.fr/membres/membres-permanents/baumann-eveline/article/publications-426].

Baumann Eveline, 2009. « Géorgie : soigner les blessures de la guerre ». Note n° 15, Paris, Fondation Jean Jaurès, 13 janvier, 17 p.

---

1. Pour l'argumentation qui suit, on s'inspire de Carothers (2002).
2. C'est pour cette raison aussi que le terme « transition » paraît ambigu. Voir à ce sujet Diamond (2008).

Baumann Eveline, 2010. « Post-Soviet Georgia: The Rocky Path towards Modern Social Protection », Social Policy and the Global Crisis, ESPANET Conference, Budapest, September 2-4, 21 p.

Carothers Thomas, 2002. « The End of the Transition Paradigm », *Journal of Democracy*, vol. 13, n° 1, January 2002, pp. 5-21.

Carothers Thomas, 2009. « Democracy Assistance: Political vs. Developmental? », *Journal of Democracy*, vol. 20, n° 1, January, pp. 5-19.

Delcour Laure, 2011. « Le Partenariat oriental de l'Union européenne et le Caucase du Sud », in Minassian (G.), *Eurasie, au cœur de la sécurité mondiale*, Paris, Editions Autrement Frontières, pp. 169-174.

Diamond Larry, 2008. « The Democratic Rollback », *Foreign Affairs*, March /April, 6 p. [http://www.foreignaffairs.com/articles/63218/larry-diamond/the-democratic-rollback].

EBRD (European Bank for Reconstruction and Development), 2007. *Life in Transition. A Survey of People's Experiences and Attitudes*. London, EBRD, 83 p.

ESI (European Stability Initiative), 2010a. Georgia's Libertarian Revolution. Part One: Georgia as a Model, Berlin-Tbilisi-Istanbul, ESI, April, 11 p. [http://www.esiweb.org].

ESI (European Stability Initiative), 2010b. Georgia's Libertarian Revolution. Part Two: Bendukidze and Russian Capitalism, Berlin-Tbilisi-Istanbul, ESI, April, 15 p.

ESI (European Stability Initiative), 2010c. Georgia's Libertarian Revolution. Part Three: Jacobins in Tbilisi, Berlin-Tbilisi-Istanbul, ESI, April, 41 p.

European Commission, 2011. Country Report: Georgia. Implementation of the European Neighbourhood Policy in 2010. Brussels, May 2011, 22 p.

Genté Régis, 2011. « Géorgie : la démocratie au forceps ? », *Les Cahiers de l'Orient*, n° 101, hiver, pp. 73-81.

Khutsishvili George, 2009. « Georgia's Degenerative Transition », in Emerson Michael, Youngs Richard (eds), *Democracy's Plight in the European Neigbourhood. Struggling Transitions and Proliferation of Dynastie*, Brussels, Centre for European Policy Studies, pp. 68-75.

Muskhelishvili Marina, Jorjoliani Gia, 2009. « Georgia's Ongoing Struggle for a Better Future Continued: Democracy Promotion through Civil Society Development », *Democratization*, vol. 16, n° 4, pp. 682-708.

Natsvlishvili Beka, 2009. « Georgia on the Way to Europe », in Heinrich Böll Stiftung (ed.), *Twenty Years after. Post-Communist Countries and European Integration*, Brussels, Heinrich Böll Stiftung, pp. 102-110.

Papava Vladimer, 2011. « Arménie, Azerbaïdjan, Georgie. Vingt ans de transition économique », *Les Cahiers de l'Orient*, n° 101, hiver, pp. 35-46.

Tarkhan-Mouravi George, 2011. « Les conflits en Géorgie suite à la guerre de 2008 », *Les Cahiers de l'Orient*, n° 101, hiver, pp. 59-70.

Urjewicz Charles, 2011. « Mémoire historique et enjeu de l'histoire au Caucase. Le cas géorgien », in Minassian (G.), *Eurasie, au coeur de la sécurité mondiale*, Paris, Editions Autrement Frontières, pp. 214-218.

Wheatley Jonathan, 2010. « Civil Society in the Caucasus: Myth and Reality », *Caucasus Analytical Digest*, n° 12, January 2010, pp. 2-6.

BILAN SOCIOPOLITIQUE DE LA TRANSITION EN EUROPE CENTRALE

GEORGES MINK
CNRS, Sciences Po – Paris, Collège de l'Europe

Il s'agit d'inventorier et d'analyser les politiques publiques dans les domaines social et politique. On voit ainsi se dessiner les mutations de la structure sociale, les conséquences, en termes de différenciation sociale, de la disparition de certains groupes sociaux et l'apparition de nouveaux, les effets de ces politiques en termes de comportements individuels et d'actions collectives. Il s'agit d'examiner ensuite le processus de déploiement du système des partis (système partisan) et ses conséquences eu égard aux tensions dans le processus de la consolidation démocratique. L'exposé tiendra également compte des questions de la justice transitionnelle, des jeux de mémoire et de leur importance pour la stabilité des régimes post-communistes.

Dans les récits des révoltes et des révolutions du monde arabe en 2011, on se réfère souvent à la vague des mouvements libérateurs de l'Europe de l'Est en 1989. N'a-t-on pas entendu ce propos d'un militant tunisien : « Nous avons eu notre Jan Palach, mais nous n'avons ni notre Havel ni notre Walesa » ? On a même transposé la fameuse métaphore des pièces de domino qui tombent, une à une. Elle s'est imposée avec une étonnante facilité. C'est pourtant une métaphore trompeuse, tant pour l'Est que pour le monde arabe, reliés ici par une fausse analogie. Si l'on doit se représenter 1989 sous forme de jeux, ce fut d'abord un poker menteur sous l'œil attentif de Moscou, qui s'est transformé ensuite en un jeu d'échecs entre protagonistes de bords opposés, avant de se terminer par un effet de dominos. Dans le cas des pays arabes, chaque pièce du domino est différente, même si la logique commune est celle de la contagion cybernétique d'une jeunesse galvanisée par son audace face à des autocrates hésitant entre la fuite ou la répression violente. Mais les configurations internes diffèrent et induisent des évolutions différenciées.

Éléments structurels recyclables pour réfléchir à la transition démocratique

Éléments événementiels de l'illusion de l'analogie

Le politologue hispano-américain Juan Linz a proposé un modèle explicatif unique pour évaluer les chances de sortie pacifique d'un régime autoritaire, dit le « modèle des 4 joueurs ». Du côté du pouvoir il y aurait des orthodoxes et des libéraux, du côté de la contre-élite, des modérés et des radicaux. L'unique configuration gagnante serait celle de la victoire des libéraux dans le camp du pouvoir, et des modérés dans le camp des révoltés. Le schéma est intéressant et s'applique à 1989, surtout à la Pologne et à la Hongrie, dans une moindre mesure à la Tchécoslovaquie ou à l'Allemagne et à la Bulgarie, mais reste peu opérationnel pour 2011.

Ici, point d'élites du pouvoir ayant anticipé « leur » transition (comme en Pologne, en Hongrie et partiellement en URSS), et s'étant préparées mentalement à la démocratie. Les dictateurs arabes n'avaient pas besoin de conversion du statut politique au statut d'entrepreneur privé. Dès leur accès au pouvoir ils étaient préoccupés par leurs entreprises et leurs investissements.

Ici, point d'oppositions organisées en fronts et forums, comme en Europe centrale et orientale. En 1989, les oppositions faisaient bloc contre les partis communistes au pouvoir, encore forts de millions d'adhérents, dont on ignore sur le moment la capacité de nuisance et le degré d'allégeance. Ces derniers ont encore à leur disposition les unités de l'Armée soviétique, stationnant à l'intérieur de leurs territoires nationaux. Leur retrait est intervenu seulement des dizaines de mois plus tard.

Il y avait ainsi dans ces révolutions pacifiques une composante souverainiste : il s'agissait de se libérer de la domination de l'empire soviétique. L'attitude consensuelle de son dernier chef, Mikhaïl Gorbatchev, ne suffisait pas à écarter le spectre de l'intervention. Or, pour les pays arabes en ébullition, l'ennemi ne vient pas de l'extérieur.

On ne peut pas sous-estimer non plus le rôle des facteurs exogènes comme la pression reaganienne (la « guerre des étoiles »), le rôle de Jean-Paul II et de l'Église, notamment en Pologne. Le parapluie de l'Église était symétrique au parapluie de l'armée du général Jaruzelski.

Pour leur part, les militaires communistes est-européens sont restés sagement dans leurs casernes, hormis en Roumanie, où les hauts gradés ont accéléré la chute de Ceausescu. Dans l'ensemble, la Grande Muette ne s'est manifestée ni par des velléités de répression ni par des actes de fraternisation, au contraire des armées arabes en 2011.

En 1989, il y avait une évidence pour tous les acteurs politiques : le salut ne pouvait venir que de la démocratie à l'occidentale. L'Ouest, d'abord désemparé et en retard sur le processus, sans imagination et englouti dans la routine du monde bipolaire, a très vite adapté son aide sous forme d'un puissant soutien financier associé à l'envoi d'une armée d'experts. En 2011, l'Ouest se trouve dans une position ambiguë, dépendant de sources d'approvisionnement énergétique et lié par un maillage d'intérêts post-coloniaux, dont le moins que l'on puisse dire est qu'ils n'obéissent pas à la morale internationale proclamée. Pourtant c'est le moment de se sortir du piège auto-construit par la superbe de Sarkozy de l'Union pour la Méditerranée et associer l'Europe et les États-Unis dans un vrai « Plan Marshall ».

Sur un autre point, majeur pour les transitions vers la démocratie, 1989 est très différent de 2011. Ces « révolutions sans adversaires » ont éprouvé des difficultés à mettre au banc les responsables communistes du régime répressif, car comment punir ceux qui avaient gagné leur ticket d'entrée dans la démocratie en initiant la négociation et en offrant leur capitulation sans qu'une seule goutte de sang ne coule ? Un « Nuremberg du communisme » était impossible ou prématuré. Pour ce faire, il manquait une composante intangible de l'environnement juridique actuel, à savoir l'internationalisation et l'universalisation d'une justice transitionnelle. Aujourd'hui tout dictateur doit compter avec une probable traduction devant des tribunaux internationaux qui ont prouvé, malgré les difficultés, leur efficacité réelle. J'y reviendrai.

De ces différences faut-il conclure qu'aucune leçon ne peut être tirée utilement pour ceux des pays arabes qui amorceront le processus de démocratisation ? Je me servirai dans cette partie de l'exemple polonais, certes particulier, mais mettant en relief les éléments structurels pouvant enseigner d'autres expériences de transition démocratique.

Éléments structurels recyclables pour réfléchir à la transition démocratique, Mode de sortie du communisme comme variable explicative

a) La transition polonaise est considérée comme une réussite. L'explication tient à son mode de sortie de l'ancien régime.

Je développerai les arguments suivants :

- les deux protagonistes de la sortie de l'ancien régime partagent la légitimité et les droits d'auteurs sur cette sortie. Ils sont en réalité affaiblis mais dans une impasse réciproque (en même temps que fonctionne le schéma de « 4 players ») ;
- l'ancienne élite a préparé sa conversion en anticipant la fin du régime et cherche à consolider sa stratégie du capitalisme politique en obtenant l'accord tacite des opposants ;
- ethos pacifique issu d'une longue histoire d'affrontements pouvoir/Polonais, l'absence de la terreur contre les anciennes élites.

Deux faces de la négociation, une secrète (Magdalenka), l'autre visible (tables rondes, comptes rendus quotidiens par l'opposition), empêchent la dramatisation et les mouvements d'opposition à l'entente et au compromis, filtrent les informations déstabilisatrices, par exemple en n'informant pas les pays frères particulièrement inquiets comme la Roumanie ou la RDA. Faut-il rappeler que Ceausescu, le 19 septembre (le lendemain de la proclamation de Mazowiecki, Premier ministre), envoie une lettre en appelant explicitement à stopper par tous les moyens « le cours anti-socialiste » ? Les normalisateurs tchèques ne savent pas ce que feront les 80 000 soldats soviétiques stationnés chez eux depuis 1968, cette fois-ci sous le règne d'un Gorbatchev se référant au modèle du socialisme à visage humain, donc au Printemps de Prague, d'où l'importance d'un certain secret dans les négociations.

b) La question d'une refonte générale de la loi fondamentale est différée, seuls quelques amendements sont proposés, la priorité est donnée à la loi sur les partis politiques et à la loi électorale. En effet, comme dira Bronislaw Geremek quelques mois après la chute du régime, « la liberté est acquise, la démocratie incertaine », ce qui voulait dire que sans une loi réglementant la formation d'une scène partisane gérable, face à un énorme désir de démocratie on assiste à :

- Une hyper-fragmentation de l'échiquier politique.
- Une illisibilité des frontières idéologiques, passant souvent plutôt à l'intérieur de nouveaux partis qu'entre ces partis sur des questions de type : pour et contre la libéralisation de l'avortement, pour un État providence ou pour un fin filet de protection, etc.
- Une déloyauté et une forte mobilité inter-parti des élus (système des pénalités *a posteriori* ou des gages *a priori*).
- Un espace favorable à la fonction tribunicienne (au sens que lui a donné Georges Lavau), d'où une folklorisation des débuts de la vie politique.

Une des réponses est de proposer des seuils électoraux pour les partis et les coalitions et de pénaliser les élus infidèles. Un des problèmes sera le choix d'un régime le plus performant, mais face à la bousculade des experts constitutionnalistes, les choix se feront de manière souvent arbitraire. Ainsi certains régimes plutôt parlementaires s'accompagneront d'un mode d'élection à suffrage universel des Présidents, leur donnant une légitimité disproportionnée par rapport aux prérogatives constitutionnelles.

Après les fronts et les forums révolutionnaires s'installe un régime des partis où gagne celui qui comprend au plus vite la nécessité de rompre l'unanimisme et passe à la construction d'un parti performant, puisant dans sa légitimité d'acteur. Ceci est une leçon générale dans la thématique de rupture et en opposition à d'autres acteurs politiques de la rupture.

c) L'exemple polonais nous enseigne aussi qu'il faut avoir une politique claire de justice transitionnelle. Il faut distinguer entre les anciennes élites, prêtes à coopérer avec le nouveau régime et exemptes de la responsabilité dans les crimes de l'ancien régime, dotées d'un capital culturel et social utiles à la croissance et à la construction du système démocratique et les individus coupables des crimes politiques et/ou économiques. L'absence du traitement approprié de cette question au bon moment se vengera plus tard dans les compétitions politiques en contaminant la démocratie par la récurrence des ressentiments.

Il ne faut pas transiger avec la justice transitionnelle internationale : les dictateurs doivent répondre de leurs crimes. Si l'on n'apure pas les comptes d'entrée de jeu, ce passé criminel fera retour plus tard en constituant une ressource pour des frustrations partisanes. C'est l'enseignement que l'on peut tirer des tensions récurrentes dans les démocraties en Europe centrale et orientale.

QUESTIONS DU PUBLIC

LA SALLE

Je voudrais poser une question au dernier intervenant sur le programme PHARE. Cela me paraît intéressant de savoir ce qui, *a posteriori*, a été le plus utile à l'aspect formation, développement social, aides et transports ? Je voudrais rebondir sur cette question pour demander quelles sont les conséquences sur l'endettement et dans quelle mesure les partenariats public-privé ont été mis en œuvre comme palliatifs ? Pour le dernier intervenant, concernant l'amnistie, je crois qu'aujourd'hui il y a une dimension nouvelle qui est Internet. Comment gérer cela ?

LA SALLE

J'ai une question pour Mme Baumann à propos du tableau concernant l'agriculture et l'industrie. Pouvez-vous nous expliquer comment 25 % de la population produit 33 % du PIB alors que 50 % n'en produisent que 8 %, quel est donc le problème ? Deuxième question pour M. Chavance. Évidemment la transition dans les PECO a été essentiellement une transition vers un capitalisme dont les caractéristiques ont été multiples. Concernant la propriété, comment a été opéré le changement d'une propriété étatique qui a bénéficié de ces privatisations ?

LA SALLE

En tant qu'observateur extérieur de l'intégration de l'Union européenne, je suis d'accord avec vous pour dire que c'est une intégration libérale, bien que je crois qu'il y ait aussi une intégration institutionnelle, en cela que l'Union européenne est particulièrement dotée en institutions, commissions, etc., par rapport à l'ALENA et au MERCOSUR. Dans l'autre conception de l'intégration libérale, vous suivez la théorie de Bela Belassa avec les cinq étapes, vous êtes arrivés maintenant après la zone de libre-échange et de marché commun à l'Union économique et monétaire et il y a déjà des problèmes, comme pour la Grèce et l'Espagne, ainsi qu'avec les nouveaux pays membres de l'Est, pays qui sont habitués à un modèle basé sur les rapports sociaux transformés en un modèle basé sur l'initiative privée et le marché. Je ne parlerai pas de la politique régionale avec la Tunisie, où nous sommes lésés. Pensez-vous que cette conception pourra encore s'appliquer ou faut-il une adaptation en prenant en considération les effets agglomération et région, les enjeux régionaux, pour s'orienter vers une vision territoriale de l'intégration ?

LA SALLE

Permettez une petite remarque, car depuis ce matin, je note que l'expérience tunisienne est très différente. Je souligne la question de l'immolation de Bouhazizi, car cela a commencé comme une purification. Ce n'est pas la même chose car j'ai l'impression que nous partons du point où vous êtes arrivés. Finalement la transition a été faite par le marché, nous sommes déjà passés par là parce que nos amis parlent d'une dualité entre le *offshore* et *on shore*. Tout à l'heure M. l'Ambassadeur disait que cela allait très bien du point de vue du secteur *offshore* et que les problèmes se trouvaient dans le *on shore*. Or, un article dans le *Monde diplomatique* expliquait qu'il y avait des zones de non-droit. Je me dis donc que l'expérience n'est pas la même, et ce qui m'interpelle, c'est le rôle de l'État dans cette révolution. Ne devrait-il pas réhabiliter ses fonctions ?

LA SALLE

Ma question s'adresse à M. Chavance. Je voudrais savoir comment a évolué la convergence des pays de l'Est suite à la crise financière ?

LA SALLE

Je voudrais vous remercier pour l'analyse interne des pays et ajouter que ce sont les forces internationales et financières qui sont probablement les véritables moteurs de la transition.

EVELINE BAUMANN

Tout d'abord, par rapport au financement des évolutions que nous venons de voir en Géorgie, l'épargne interne est, d'une part, relativement faible et d'autre part, elle se dirige vers l'immobilier dans un contexte d'insécurité et d'incertitude extrêmement prononcé. Il paraît logique, voire rationnel, d'investir dans ce qui est le plus sûr, d'autant plus qu'il n'y a pas de politique économique clairement définie. A ce sujet, une citation de l'actuel Premier ministre, qui disait : « nous n'avons aucune politique industrielle dans aucun secteur spécifique, nous prenons toute activité légale et peu importe d'où vient la croissance ». Dans ce cadre, il est très difficile de se projeter dans l'avenir et d'investir son épargne dans l'activité économique. On constate donc un investissement dans l'immobilier et une dollarisation assez prononcée. D'autre part, concernant l'agriculture, il y a un effondrement de la production agricole qui vient du simple fait que, lorsqu'on a démantelé les kolkhozes et les sovkhozes, les gens avaient le droit à un lopin de terre qui était d'environ 1 ha, ce qui est extrêmement petit et toutes les personnes qui étaient licenciées avaient droit, aussi, à un lopin de terre. Or ces lopins de terre appartiennent aujourd'hui à des personnes âgées et cela devient de plus en plus une agriculture d'autosubsistance. Il y a donc une difficulté de projection dans l'avenir dans la mesure où les droits d'accès au foncier ne sont pas nécessairement garantis. L'industrie a été, en grosse partie, démantelée en raison des formes d'intégration verticales avec l'Union soviétique et tout d'un coup, nous n'avons plus accès à des intrants bons marchés. Il y a eu un effondrement de l'industrie, et, comme le dit un de mes collègues géorgiens, « une nécrose ».

BERNARD CHAVANCE

Concernant les bénéficiaires de la transformation de la propriété et le problème de l'épargne, voyons comment cette question s'est posée dans les premiers temps. Tout d'abord, l'épargne disponible a été faible et très rapidement rognée par l'inflation qui, dans la plupart des pays, a marqué les premières années. C'est donc un argument pour une privatisation accélérée. La fameuse privatisation de masse disait que si l'on voulait privatiser comme on le fait à l'Ouest d'habitude, on aurait besoin de 100 ans pour privatiser les secteurs d'État, donc il faut aller très vite en distribuant la propriété à la population comme on l'a fait en Tchécoslovaquie ou en Russie. Si l'on prend un certain recul et qu'on regarde qui a bénéficié de cette privatisation, certains acteurs nationaux ont réussi à faire une accumulation juste avant la transition ou pendant la période de relative instabilité, notamment juridique. Donc le capital national qui s'est constitué dans les différents pays est resté ancré sur le marché national tandis que les bénéficiaires majeurs sont des investisseurs étrangers et notamment les grandes entreprises multinationales qui ont investi des secteurs entiers ou ont pu créer et développer certains secteurs dans ces pays. Je pense en particulier à l'industrie automobile. Sur la question qui était posée concernant la stratégie de l'intégration libérale, il faut dire que pendant les années 1990, le modèle dominant était celui issu du Consensus de Washington, basé sur l'idée que l'ouverture extérieure était la clé du développement et de la transformation du système, à partir de l'exemple asiatique, qui a construit une doctrine tout à fait admise et généralisable. Est-ce qu'il faut continuer dans cette voie ? Mon exposé a laissé entendre que je pense que non, d'autant plus que cette stratégie apparaît comme une des causes majeures des dysfonctionnements de grande échelle que nous observons dans l'économie mondiale avec la crise que nous connaissons, qui est la crise de ces modèles de développement que l'on pourrait appeler le modèle de la mondialisation et de la financiarisation. Cette question est posée à l'échelle globale et évidemment de manière encore plus intense pour des pays comme la Tunisie, qui sont confrontés à un problème de réduction de l'écart avec les pays plus avancés. C'est la question évoquée par Mohamed Haddar sur le thème de nouveaux modèles de développement, thème qui a une dimension interne mais également un lien fort avec les relations internationales. Il y a une faillite relative du caractère dogmatique du paradis antérieur. Il est clair qu'une redéfinition de la mondialisation ou de la définanciarisation est nécessaire. Quelles convergences possibles observe-t-on ? Une phase de rattrapage très significative dans les années 2000 a donné lieu à des bilans très pessimistes puisqu'on disait que le rattrapage était en train de s'opérer et que, si on le prolongeait, il faudrait encore 15 ou 20 ans pour que l'écart entre l'Est et l'Ouest de l'Europe soit réduit. Les choses apparaissent très différemment après la crise, qui a révélé une vulnérabilité très importante de ces économies, notamment à cause du degré de dépendance relativement exceptionnel dans lequel elles se trouvent. Après 2008, la perspective de convergence est reportée à plus tard. Un dernier mot sur la question de M. Bastida. Quelles sont les forces internationales qui ont joué dans l'analyse sociologique internationale ? Certains acteurs tout à fait décisifs de l'Union européenne, que l'on peut considérer comme acteur collectif (la Commission et le Conseil stratégique qui ont été développés à ce niveau). Mais on doit aussi considérer les acteurs nationaux qu'a évoqués Georges Mink. L'impact de l'assistance technique, des programmes d'aide s'est fait sentir également au niveau national. On s'inspirait plutôt de tel ou tel modèle, c'était plutôt telle ou telle méthode administrative qui était importée et imitée. Et enfin, il y a bien entendu les organisations internationales, qui ont joué un rôle très important, notamment dans la première période, rôle qui a décliné par rapport à l'Union européenne par la suite, mais le FMI et la Banque mondiale ont joué un rôle décisif dans les années 1990. Enfin, les firmes multinationales ont joué un rôle essentiel, y compris par l'évolution de la législation, par des actions de *lobbying*, par des actions d'intervention jusqu'aux exemples récents, lorsque le gouvernement de M. Orban a voulu mettre en place une taxe sur les banques, dont on disait à l'époque à l'Ouest que cela serait une bonne chose. Au bout de deux jours, le gouvernement a été convoqué par l'Union européenne et des grandes banques qui sont dominantes en Hongrie pour lui faire comprendre que cette taxe sur les banques n'était pas la bienvenue. Il y a aussi des acteurs très présents selon les pays et les périodes, dont le rôle doit être analysé en détail.

GEORGES MINK

Juste un complément par rapport à ce qu'a dit M. Chavance concernant l'épargne politique et nationale et la crise, les cas de figures sont différents. En Pologne, ce qui a beaucoup joué, c'est l'afflux de capitaux de la diaspora polonaise, qui a aidé au démarrage et aussi aux premières actions de privatisation. La Pologne était relativement épargnée par la crise financière notamment et n'avait pas de crédits toxiques. En ce qui concerne le programme Phare, toutes les actions ont été utiles. Évidemment, les projets de formation ont permis, notamment, de former des cadres européens pour la période d'intégration et de négociations. L'acquis communautaire a été très important. Il a financé d'autres éléments, comme le Collège de l'Europe, qui a été, partiellement, financé par le programme PHARE, qui fut d'une grande utilité. Je voudrais aussi répondre à la question concernant Internet. Aujourd'hui, nous sommes dans une conjoncture différente, l'idée même de justice transitionnelle circule. Les grammaires internationales de la réconciliation sont connues de tous. Tout le monde sait qu'il y a des tribunaux internationaux, cela accélère la question du jugement et de la réconciliation. Dans des pays où le mode de sortie était plutôt pacifique et consensuel, on pense qu'il est très difficile d'aboutir à une réconciliation immédiate, qui suppose une confrontation entre les bourreaux et les victimes. Alors que dans les pays où la sortie ne fut pas pacifique avec des affrontements, dans cette période, il faut, justement, créer des commissions sur la vérité, la réconciliation et la justice.

QUATRIEME SESSION

DE LA DICTATURE A LA DEMOCRATIE : RUPTURE OU COMPROMIS ?

MODERATEUR : HAKIM BEN HAMMOUDA
OMC

Ce colloque n'est pas seulement l'occasion d'un échange passionnant sur des expériences de transition démocratique. C'est une occasion de revoir nos collègues. M. Zouari et M. le Ministre ont dit ce matin qu'ils étaient heureux de voir leur ancien professeur, notre collègue et ami M. Salama. Quant à moi, je suis très heureux d'animer une séance dans laquelle il y a mon ancien professeur M. Bsaies, auquel nous devons beaucoup pour ses enseignements et son regard critique sur l'économie. Sans plus tarder, je vais donner la parole à notre collègue Sophia Mappa, qui va nous parler de la transition démocratique et de l'expérience grecque, qui est une expérience importante.

La transition democratique est-elle la seule alternative aux dictatures militaires ? L'eclairage de l'experience grecque

Sophia Mappa
Université Paris Est

Dans une conjoncture de crise de la démocratie et du capitalisme en Occident même, l'analyse de l'expérience grecque, depuis son adhésion au Marché commun, en 1981, pourrait questionner la pertinence du concept de « transition ».

Pour la Grèce, l'adhésion au Marché commun avait pour finalité la sortie du pays du cercle vicieux des coups d'État militaires, qui ont jalonné son histoire depuis la mise en place de l'État territorial, au début du XIXème siècle, et assurer, au-delà, sa démocratisation. La deuxième finalité était, bien entendu, le développement du capitalisme. Les réformes politiques et économiques ont été menées par Bruxelles, moyennant des aides financières et techniques, et ont été inspirées par le paradigme libéral européen, dans un pays qui est pourtant enraciné dans l'histoire des empires byzantin et ottoman.

Trente ans après l'adhésion, on peut observer qu'aux régimes autoritaires, voire arbitraires, d'avant l'adhésion se sont substitués un populisme inédit et une corruption généralisée au niveau de l'État et de la société. Les réformes économiques ont, elles, entraîné la baisse des activités productives traditionnelles (sauf la marine marchande) sans création d'activités modernes, le développement considérable des activités délictueuses et une augmentation vertigineuse de la consommation. Les mesures d'austérité imposées de l'extérieur auront visiblement du mal à remédier à une crise sociale globale. L'auteur essaiera dans son intervention d'élucider les mécanismes internes et propres à la société grecque, qui ont rendu caduques les réformes de « transition » inspirées du libéralisme occidental en montrant le caractère ouvert des « transitions », dont le sens n'est pas déterminé *a priori*.

Le titre de mon intervention est une question qui comporte en elle-même la réponse : la transition démocratique est-elle la seule alternative aux dictatures militaires ou autres régimes autoritaires, voire arbitraires ? Je ne saurais répondre par l'affirmative. Le cas grec, parmi d'autres, illustre que l'histoire est ouverte à une pluralité de possibles. Il n'y a pas de fin écrite d'avance. L'issue d'une révolte ou d'une révolution ou encore des réformes voulues pacifiques dépend du contexte socio-historique particulier et des projets voulus et mis en œuvre par les acteurs locaux.

Ma réflexion se situe dans une conjoncture dans laquelle, d'une part, l'État grec est en train de faire faillite (une faillite qui n'est pas seulement économique mais aussi sociale et politique) et, d'autre part, des mutations profondes traversent la planète mais dont nous avons très peu parlé pendant notre séminaire. Je pense en effet que nous ne pouvons pas comprendre ce qui se passe en Tunisie, en Grèce et ailleurs, sans prendre en compte la crise du modèle libéral, c'est-à-dire du système occidental capitaliste et démocratique.

Mon exposé comporte trois parties. La première fournira quelques données factuelles de l'expérience grecque depuis l'adhésion du pays au Marché commun, en 1981. La deuxième consistera en quelques considérations d'ordre théorique sur le fait social, sur la démocratie, sur le capitalisme et sur le changement, qui peuvent éclairer de l'intérieur les processus de la société grecque depuis cette adhésion mais aussi les processus en Tunisie. Enfin ma dernière partie illustrera mon propos, à savoir les raisons pour lesquelles la sortie de la dictature grecque n'a pas signifié mécaniquement son passage à la démocratie.

Une longue chaîne des dépendances

L'histoire de la Grèce, depuis la mise en place de l'État en 1827 par les chancelleries européennes, fut jalonnée d'une succession de régimes parlementaires avortés et de coups d'États militaires qui venaient mettre de l'ordre dans les régimes parlementaires instables. Le dernier coup d'État militaire, celui de 1967, qui a duré jusqu'à 1974, a implosé de l'intérieur, suite au coup d'État des colonels grecs à Chypre. En 1981, la Grèce adhéra au Marché commun. Cette adhésion a été largement opportuniste. Elle n'était pas en effet une adhésion aux valeurs politiques et économiques libérales. La visée principale était de profiter des fonds européens. Il y avait aussi du mimétisme, pour faire partie du clan des civilisés, même si le rapport de la société grecque aux sociétés occidentales est traditionnellement ambivalent et oscille entre le rejet de l'Europe et la soumission à ses diktats.

Dès son adhésion, la Grèce fut l'objet des réformes politiques et économiques élaborées à Bruxelles avec la rationalité libérale, politique et économique. Comme c'est le cas dans toutes les politiques « d'aide au développement », le credo qui inspirait ces politiques était que le problème principal du pays était financier. Les flux financiers seraient donc à même d'assurer le succès des réformes économiques et institutionnelles conçues à Bruxelles, sans analyse de la société dans laquelle ces réformes allaient être insérées.

Nous pouvons ici constater une remarquable continuité de la subordination (volontaire) du pays aux chancelleries européennes puis occidentales. A l'aide européenne, dès la mise en place de l'État grec, se substitua, après la Seconde Guerre mondiale, l'aide américaine, à laquelle succéda la tutelle de la Commission européenne. Nous avons évoqué tout à l'heure qu'il serait souhaitable que l'Union européenne épaule le changement en Tunisie par des aides, notamment financières. Mon opinion est qu'au vu de l'expérience africaine et de tous les pays qui ont bénéficié de l'aide européenne, y compris la Grèce et les autres pays méditerranéens de l'Union européenne, les flux financiers européens risquent de renforcer les structures traditionnelles du pays au lieu de les modifier. Le plan Marshall, par exemple, est un cas de figure a prendre en compte. La Grèce a profité du plan Marshall après la Seconde Guerre mondiale comme les autres pays européens. Sauf que ces derniers ont investi le plan Marshall dans la production, alors que la Grèce l'a distribué. Le plan Marshall n'a pas résolu le problème pour lequel il a été conçu. De même, trente ans après l'adhésion à l'Union européenne, au lieu de la démocratisation, nous avons assisté à une inversion du système politique antérieur : le pouvoir autoritaire et arbitraire a cédé sa place à un pouvoir populiste inédit[1]. Le populisme, rappelons-le, ce sont des pouvoirs qui s'adressent non pas à la capacité d'une société à raisonner mais à ses affects : à la passion, à la colère, au sentiment d'impuissance des acteurs sociaux d'agir par eux-mêmes en vue d'instituer leur cité, etc.

Dans le même sens, les réformes économiques impulsées de Bruxelles, au lieu de modifier l'appareil productif du pays, ont renforcé les structures traditionnelles et ont même provoqué la baisse des activités traditionnelles, comme l'agriculture et l'artisanat. L'adhésion a favorisé le développement d'un certain tourisme et des activités marchandes traditionnelles, dont la marine marchande, dopées par l'explosion de l'importation des produits européens. En même temps, nous avons assisté, comme dans d'autres pays aidés, à une explosion des activités délictueuses (trafic des drogues, des armes, etc.) et à une augmentation vertigineuse de la consommation qui n'avait rien à voir avec la capacité productive du pays[2]. Nous tenterons une interprétation de cette « transition » dans la troisième partie de notre intervention.

---

1. Cf. Sophia Mappa, « Orthodoxie et Pouvoir », in Sophia Mappa (dir.) *Puissance et impuissance de l'Etat*, Karthala, Paris, 1996.
2. Cf., entre autres, Béatrice Hibou, « L'intégration européenne du Portugal et de la Grèce : le rôle des marges », in Sophia Mappa (dir.) *La coopération internationale face au libéralisme*, Paris, Karthala, 2003, cf. aussi, Madjid Bouzar « La fiction du partenariat euro-méditerranéen : le Maghreb central face à l'Union européenne », in Sophia Mappa, op. cit. et Gérard Kebabdjian, « Problèmes socio-politiques de la coopération économique euro-méditerranéenne », in Sophia Mappa, op. cit.

De la culture

Je ferai ici quelques remarques d'ordre théorique sur la société, la démocratie, le capitalisme et le changement. Elles pourraient offrir des clefs pour comprendre l'expérience grecque, parmi d'autres. Ma première remarque concerne la nature des sociétés. Je pense que toute société est une création historique particulière. Je souligne l'élément historique pour signifier l'enracinement de chaque société dans une histoire longue, et donc l'impossibilité de rupture, au moins dans le moyen terme, mais aussi la difficulté d'une société de copier des expériences nées ailleurs. L'uniformisation de la planète, qui est le mot d'ordre du discours sur la mondialisation et des politiques de gouvernance de la Banque mondiale, de l'Union européenne et du Fonds Monétaire International, est une illusion idéologique. Malgré les apparences, toutes les sociétés sont enracinées dans une culture particulière et sont des créations particulières.

La société grecque est enracinée dans une histoire qui est différente de l'histoire européenne : l'histoire byzantine et ottomane. La Grèce n'a pas participé à l'histoire européenne sauf par opposition. Après la chute de Constantinople en 1453, le Patriarcat grec s'opposa à toute réforme religieuse occidentale et à toutes les innovations sociales et politiques entreprises avec la Renaissance en Europe[1]. Aussi, l'État territorial grec n'a pas participé aux mutations culturelles qui ont engendré le capitalisme et la démocratie en Europe, en dépit des efforts de son roi bavarois et des puissances européennes de le « moderniser ».

Ma deuxième remarque d'ordre général est que la démocratie et le capitalisme qui servent de modèle à beaucoup de sociétés sont aussi des créations sociales et historiques qui découlent d'une histoire particulière qui est celle de l'Europe occidentale, et après de l'Occident. Ce sont des systèmes historiques qui non seulement ne sont pas universels, comme le veut la doxa occidentale, mais encore qui changent dans le temps et dans les pays mêmes qui les ont engendrés[2]. Aujourd'hui nous sommes en train d'assister à des mutations profondes aussi bien de la démocratie que du capitalisme. Nous avons évoqué tout à l'heure le manque de causalité entre la démocratie et le capitalisme, malgré les théories qui affirment qu'il n'y aurait pas de développement économique sans démocratie ou vice versa, ce qui me paraît peu plausible au vu de ce qui se passe dans le monde avec l'émergence des puissances économiques sans démocratie.

---

1. L'essor culturel des communautés grecques de l'Asie mineure, au milieu du XIXème siècle, fut brutalement arrêté en 1922, après l'invasion de l'Empire ottoman par les armées européennes et grecques et leur défaite, qui a donné lieu à l'expulsion d'un million et demi des grecs de l'Asie mineure.
2. Cf. Cornelius Castoriadis, *L'institution imaginaire de la société*, Paris, Seuil, 1975.

Concernant la démocratie que nous avons tendance à réduire à l'organisation d'élections, je pense que le cas grec prouve que les élections, sans le système de valeurs démocratiques, ne signifient en rien le passage d'une société à un régime démocratique. Avec des élections nous pouvons avoir Hitler au pouvoir, le Front National ou encore une Assemblée des sorcières, comme disait Schumpeter. Les valeurs de la démocratie historique sont, avant tout, le projet d'autonomie politique et sociale. La démocratie a signifié le passage des communautés hétéronomes qui croyaient être gouvernées par des forces extérieures et indépendantes de leur volonté (les dieux, les ancêtres, la nature, la tradition, Dieu) à des sociétés autonomes qui ont décidé de prendre en charge leurs destinées et de s'auto-instituer selon leur propre volonté. En d'autres termes, la démocratie est le passage de l'imaginaire de la dépossession à celui de l'action individuelle et collective en vue d'instituer le social et le politique. Pour le dire autrement, la démocratie est fondée sur la liberté, c'est-à-dire sur la capacité individuelle et collective à penser et à agir par soi-même sans se référer à une loi dictée par d'autres. Une des spécificités de la démocratie construite en Europe est la construction d'un pouvoir politique qui, à la différence des autres formes de pouvoir observables sur la planète, a renoncé à gouverner par la contrainte et la peur et a accepté de gouverner par la loi, cette dernière étant intériorisée par les individus libres qui considéraient en être les auteurs (Rousseau).

Je pense aussi que le capitalisme historique a été fondé, avant tout, sur l'action des humains en vue de transformer le monde naturel pour créer des richesses. L'imaginaire de l'action pour transformer le monde (naturel, humain et même surnaturel) est partagé par la démocratie et le capitalisme. Ce dernier s'est appuyé aussi sur une foule d'autres significations : l'individu libre d'entreprendre, le travail comme identité de l'individu, la projection dans l'avenir, l'épargne et l'investissement productif, l'efficacité, le gain privé comme finalité, etc.

Concernant le changement, je dirais que c'est une affaire éminemment politique. Je remarque que le changement impulsé de l'extérieur, comme par exemple en Grèce et dans les pays qui sont bénéficiaires de l'aide européenne où les réformes sont exogènes, donne des résultats opposés à ceux qui sont escomptés. Le changement est une affaire interne, même si les acteurs doivent prendre en considération le monde extérieur. Mais c'est l'action des acteurs sociaux et les conflits en interne qui priment dans les processus en cours. L'intérêt de discuter de la « transition » réside dans le fait que l'utilisation de ce terme signifie qu'il y aurait une fin prescrite d'avance. Or, cela ne s'est jamais réalisé dans l'histoire de l'humanité et tout système nouveau est quelque chose que personne n'avait prévu. Les évolutions en Tunisie dépendront, à mon avis, des projets et de l'action des acteurs tunisiens.

Une interprétation

Mon troisième point est de tenter une interprétation de l'expérience grecque à la lumière de mes considérations d'ordre théorique. Lorsque le pays adhère au Marché commun, en 1981, la société grecque connaissait de l'Europe surtout ses acquis matériels. Mais elle ignorait largement les valeurs et les labeurs qui sont à l'origine de la richesse. Attachée, sans le savoir, à sa tradition, notamment orthodoxe[1], la société ne s'est jamais proposé de remettre en question les idéologies et les pratiques héritées du passé byzantin et ottoman pour les changer. Si elle avait une maîtrise intellectuelle modeste de sa tradition, elle en avait cependant le vécu, qui se manifestait dans les pratiques de tous les jours et les actions les plus intimes des individus. Ses rapports au monde extérieur n'étaient pas de nature à épouser l'esprit du capitalisme. Ils étaient contemplatifs, et l'action en vue de transformer le monde la laissait indifférente. Les sectes protestantes et leur glorification du travail comme moyen de salut n'ont jamais touché l'imaginaire collectif, traditionnellement hostile à tout ce qui venait de l'Occident. A l'image des nombreuses sociétés de la planète, le travail n'y était pas de l'ordre de la créativité, ni de l'identité de l'individu, mais de la nécessité et de la survie. Les activités économiques qu'elle entreprenait étaient celles qu'elle connaissait traditionnellement : l'agriculture, le commerce, la marine marchande, l'artisanat et, depuis les années 1960, le tourisme familial. Rien de capitaliste dans tout cela. Point de désir de transformer la nature, pas d'industrie, pas d'accumulation de capital, pas d'investissement à long terme, pas de logique comptable, pas de création de richesses ni d'emplois de type moderne, pas de sciences et de développement technologique, mais une dépendance chronique des richesses créées ailleurs (les fonds des émigrés, les aides européennes puis américaines).

Du libéralisme politique, la société avait aussi une connaissance fantasmée, et en tout cas, elle n'en n'avait pas le vécu. L'individu libre et responsable de ses actions et de ses pensées, l'intérêt général, l'État de droit, la loi civile, la raison, le débat public comme moyen d'instituer la cité… ne faisaient pas partie du patrimoine culturel, ni du vécu de la société. C'est l'allégeance aux pouvoirs et l'irresponsabilité individuelle et collective qui instituaient le politique et le social. L'État, mis en place par les puissances européennes au début du XIXème siècle, était sous la tutelle des chancelleries européennes et, après la seconde grande guerre, sous la tutelle américaine. Les relations de l'État avec la société étaient clientélistes. A l'image du beylik ottoman, l'État était considéré comme propriété du chef et l'endroit où les clientèles se servaient, à l'exclusion des autres. Ainsi, le système d'imposition occidental pour construire des services collectifs n'a jamais pris racine en

1. Cf. Sophia Mappa, « Orthodoxie et Pouvoir », in Sophia Mappa (dir.), op. cit.

Grèce. Le pouvoir gouvernait par la contrainte et se transmettait de famille en famille ; c'est toujours le cas[1]. Point de nation et d'unité nationale donc. Pas de souveraineté nationale non plus, mais des tutelles successives. Pas de libéralisme politique mais une longue série de régimes parlementaires avortés et de coups d'État militaires, dont le dernier en date fut celui de 1967-1974.

L'adhésion de la Grèce à l'Europe, réalisée par le Premier ministre K. Karamanlis, était pensée comme remède à l'incapacité de la société de sortir du cercle vicieux des coups d'États militaires, mais aussi à la menace turque. Mais aucun débat significatif n'eut lieu sur la capacité et la volonté de la société de s'intégrer dans le marché commun. La querelle farouche qui a opposé les pro-européens aux tiers-mondistes du PASOK, hostiles à l'adhésion, ne reposait sur aucune analyse de la société, telle qu'elle était. Pour les premiers, remplis de mépris pour la Grèce réelle, l'adhésion à l'Europe serait à elle seule suffisante pour la transformer en société européenne. Pour les seconds, il n'y avait rien à changer. Il aurait suffi de libérer le pays de la domination occidentale pour avoir enfin accès au bonheur. Fait significatif : le PASOK, qui a accédé au pouvoir en 1981, peu après la signature de l'adhésion, ne l'a pas contestée, tant les enjeux financiers étaient importants.

Il n'y eut pas de débat parmi les Européens non plus. Les réticences initiales[2] ont disparu après le « retour à la démocratie » en 1974. Par ignorance de la société, par une conviction, largement partagée encore aujourd'hui, que la démocratie se résume à l'organisation des élections, et que les aides financières étaient à même d'apporter le capitalisme (et la démocratie), par volonté d'expansion et de puissance aussi, par fascination pour le miracle athénien d'il y a vingt-cinq siècles, le club des riches a accepté les pauvres en son sein.

Cependant, les réformes impulsées de l'extérieur étaient inintelligibles aussi bien par la société que par les responsables politiques. Non seulement elles n'ont pas été portées à l'intérieur par des acteurs sociaux convaincus de leur bien-fondé, mais encore elles ont été détournées par la ruse, l'objectif principal étant l'appropriation des flux financiers européens. Leur effet principal fut donc l'augmentation de la consommation et l'abandon, comme on l'a noté, des activités économiques traditionnelles. Comme par le passé, l'État a distribué pendant trente ans des richesses créées ailleurs, sans que la

1. Cf. Sophia Mappa, « Perception de soi et exclusion : le cas de la société grecque » in Sophia Mappa (dir.), *L'Europe des Douze et les autres*, Paris, Karthala, 1992.
2. Le processus initial d'adhésion avait commencé en 1961. Le traité de Rome prévoyait une période de transition de 22 ans.

question de la production, *a fortiori* capitaliste, soit posée. D'où la corruption généralisée et la montée du populisme. Ce qui a suivi était prévisible.

Cependant, l'impact des réformes impulsées de Bruxelles n'est pas indépendant de l'esprit économiste de ces dernières, qui s'est radicalisé depuis les années 1980. Comme le remarque avec bonheur Edgar Morin, l'Europe n'a pas diffusé sur la planète l'humanisme mais l'esprit de *business*[1]. C'est cet esprit qui est en crise aujourd'hui.

1. Edgar Morin, « Les nuits sont enceintes et nul ne connaît le jour qui naîtra » in *Le Monde*, 9 janvier 2011.

LES DEBOIRES D'UN SUCCES POLITIQUE : LA TRANSITION DEMOCRATIQUE ROUMAINE

ALEXANDRA IONESCU
Université de Bucarest

Le changement politique dont la Roumanie fit l'expérience dans les années 1990 peut être compris comme une tentative d'organiser la fabrication d'un nouveau régime politique - donc d'institutionnaliser de nouveaux rapports entre les citoyens et l'autorité politique - sans porter atteinte aux institutions étatiques, voire grâce à la continuité relative des mécanismes gouvernementaux forgés durant l'époque communiste. Ce processus fut mené par des élites, civiles et militaires, issues pour la plupart du régime déchu qui, à moyen terme, se montrèrent capables de ramener à l'intérieur du nouveau régime politique en pleine confection les éventuels contestataires venus de l'extérieur. Rétrospectivement considérée, dans cette compétition entre élites débouchant sur leur collusion durable, la mobilisation des citoyens s'avéra instrumentale et temporaire. Si ce processus de fabrication et de validation d'un nouveau régime politique réussit formellement, sa logique concrète de fonctionnement démentit toutefois les attentes de ses artisans. Au-delà, sinon contre la volonté explicite des élites, le changement de régime signifia la dissolution soudaine de l'État dans la société : la déstructuration rapide des capacités régulatrices de l'État (administration de la justice, protection de l'ordre) au niveau territorial, la généralisation du patronage, à savoir de la distribution sélective des ressources publiques, comme mode d'organisation du consensus autour du régime émergent et l'annihilation de l'efficience gouvernementale due à la défaillance des institutions publiques à pouvoir saisir, encadrer ou inciter des dynamiques de société. Envisagé au début par ses artisans comme un processus administré par le haut, le changement politique en Roumanie devint vite un ensemble - jamais cohérent - de démarches menées par des élites centrales, sectorielles et locales afin de bricoler l'ajustement entre les voies de production de la légitimité politique du régime et les moyens d'organiser l'efficience relative des processus gouvernementaux dans une société dont les individus et les groupes prouvaient systématiquement leur capacité à échapper à l'encadrement institutionnel, voire à orienter, ne serait-ce que temporairement, à leur profit le travail des mécanismes gouvernementaux.

Le réveil démocratique des pays du Maghreb ramène naturellement dans le débat politique et académique des questions que les précédentes transitions démocratiques n'avaient pas manqué de susciter sans jamais pouvoir formuler des réponses définitives. Dans ce qui suit, les trois premières des quatre interrogations majeures formulées par le comité d'organisation de ce colloque seront directement ou indirectement traitées. Elles concernent toutes le travail de construction d'un nouveau régime politique ou, selon la très belle définition de Charles Tilly, d'un rapport renouvelé entre les sujets et l'autorité politique[1]. Les similitudes sont toujours très relatives, mais il y a certains aspects de la transition roumaine - qui concernent la situation de départ, le mode d'effondrement du régime et, peut-être, le parcours politique ultérieur - qui peuvent rendre le cas roumain particulièrement pertinent pour la compréhension des choix et risques que la Tunisie a dorénavant à affronter.

Le legs du communisme

Trois traits fondamentaux caractérisaient le régime communiste roumain à la veille de son effondrement en 1989. Tous ces traits étaient les résultats - voulus ou non intentionnels - des stratégies successives envisagées par les responsables politiques du pays afin de maintenir la validité dans le temps de l'ordre politique du Parti-Etat.

(1) La saturation organisationnelle de la société par le Parti, d'abord. Á la fin des années 1980, il faut savoir que, rapporté à l'ensemble de la population, le Parti communiste roumain était le parti le plus grand de l'Europe de l'Est. Il comptait environ 3 millions et demi de membres, c'est-à-dire un tiers de la population active. Conçu et surtout pratiqué comme instrument exclusif d'intégration politique d'une société tardivement acquise à la modernisation[2], le Parti communiste roumain avait été animé par l'ambition de recruter, d'encadrer, de mobiliser le maximum de citoyens possible, de saturer donc la société de son organisation[3].

(2) L'hétéronomie structurelle du Parti et de l'État, ensuite. Dès la fin des années 1960, la fusion entre l'appareil du Parti et l'appareil de l'État avait été considérée non seulement comme une solution pratique pour remplir les tâches politiques et gouvernementales du régime, mais également comme un impératif idéologique. D'une part, sur le plan territorial roumain, le calquage structurel entre le Parti et l'État assurait le déploiement d'un Parti qui se voulait omniprésent dans la société. D'autre part, dans la transversalité du

1. Charles Tilly, *Democracy*, Cambridge University Press, Cambridge, Mass., 2007.

2. Kenneth Jowitt, *Revolutionary Breakthrough and National Development. The Case of Romania, 1944-1965*, Berkeley, Los Angeles, University of California Press, 1971.

3. Cf. Anna Grzymała-Busse, « The Organizational Strategies of Communist Parties in East Central Europe, 1945-1989 », *East European Politics and Societies*, 15 (2), 2001, pp. 421-453.

système, la pratique soutenue, d'inspiration soviétique, des directions conjointes (*interlocking directorates*)[1] était une façon efficace d'affirmer le contrôle politique du Parti sur un État défini déjà par sa grande taille et par sa complexité.

(3) La personnalisation outrancière du pouvoir, enfin. A la fin des années 1980, la figure de Nicolae Ceauşescu était offerte en incarnation du communisme roumain : le « culte de la personnalité » dont le dictateur Ceauşescu faisait l'objet était censé décliner sur le mode de l'esthétique politique les ambitions révolutionnaires d'un régime pétri dans ses routines gouvernementales à l'époque d'une pénurie massive des ressources.

Ces traits ont pu expliquer la capacité du communisme roumain à perdurer sur un mode rigide et conservateur au sein d'un espace est-européen touché par des tentatives successives et variées de réveil et de réforme. Ces traits ont été tout autant des solutions de survie du régime, surtout durant ses deux dernières décennies. Puis, en 1989, ils ont paradoxalement fourni la solution de sortie et de liquidation du régime.

L'effondrement du régime communisme

D'un point de vue strictement technique et événementiel, l'effondrement du régime communiste en Roumanie suivit un schéma très classique qui vient par ailleurs de s'illustrer dans certains basculements politiques récents du Nord de l'Afrique. Dans le contexte géopolitique propice de 1989, après 25 ans d'exercice du pouvoir, le vieux *leader* Nicolae Ceauşescu fut abandonné par le bras armé du système politique (l'armée et la police). Cet abandon déclencha un mouvement de substitution au sommet, substitution accomplie grâce à un compromis fondateur (de non-agression, de ménagement mutuel) passé entre les hauts responsables militaires du régime et les sommets de la hiérarchie civile du Parti-État. Dans un premier temps, l'effondrement du communisme roumain s'est donc consommé à l'intérieur du Parti-État, géré par des représentants du même Parti-État, sans renouvellement majeur des élites gouvernantes.

Plusieurs traits caractérisèrent ainsi la chute du communisme roumain :

(1) L'effusion de sang et la présence des victimes civiles, ce qui le rend particulièrement illustratif de ce qui ce passe aujourd'hui en Afrique du Nord, conséquence de la répression de la révolte des citoyens par les forces de sécurité du régime.

---

1. T. H. Rigby, « The Government in the Soviet Political System », in Eugene Huskey (dir.), *Executive Power and Soviet Politics. The Rise and Decline of the Soviet State*, Armonk, New York, Londres, M.E. Sharpe, 1992, pp. 3-48.

(2) L'exécution très rapide, par un tribunal militaire exceptionnel, du *leader* du Parti-État, Nicolae Ceauşescu.

(3) La disparition sans état d'âme du Parti, pourtant le sujet politique par excellence du régime communiste.

Violente, la chute du communisme roumain ne fut pas pour autant un processus politique disputé. La saturation organisationnelle de la société par le Parti expliquait l'absence d'une élite alternative au Parti-État. Qui plus est, la disparition du Parti comme acteur politique annulait le recours à une solution négociée à la manière polonaise ou tchèque.

La chute du régime communiste fut donc une invalidation soudaine, par le haut et par le bas, de l'ordre politique communiste : au sommet, décapitation de la direction du régime (exécution de Ceauşescu, destitution de la très haute élite politique), démantèlement des fora centraux de décision politique du Parti-État ; à la base, on assiste à l'invalidation manifeste et violente de la capacité des institutions déployées sur le territoire à extraire le consentement (actif ou passif) des citoyens.

La « transition » roumaine débutait donc comme un processus qu'une direction politique *ad hoc*, revendiquant un statut « révolutionnaire », avait l'ambition de coordonner depuis les sommets d'un État débarrassé formellement du Parti. L'objectif explicitement affiché de ce travail de direction politique était de sauvegarder le caractère fonctionnel d'un système décapité et profondément ébranlé dans ses assises sociales ; préserver l'épaisseur institutionnelle et les dynamiques d'un Etat ayant servi de vecteur d'intégration politique au sein d'un régime qui venait d'être abandonné autant par ses agents que par ses citoyens.

La décapitation du Parti-État par le haut, la désobéissance civile massive par le bas, la disparition du Parti comme sujet politique défaisaient définitivement les régimes de cohérence pratique - en termes de fonctionnement des institutions, d'allocation des ressources, de gestion effective des consensus sociaux locaux - acquis par l'ordre politique communiste dans les décennies de son existence. Ce qui succédait au communisme roumain devenait de la sorte un effort de reconstitution, toujours provisoire et constamment bricolée, de la cohérence d'un ordre politique en pleine reconfection.

(Re)faire le régime politique

Les principes politiques du communisme invalidés, la « transition » roumaine commençait logiquement par la construction formelle d'un nouveau régime politique. Fabriquer de nouveaux acteurs politiques, choisir de nouveaux principes de légitimation, inventer de nouvelles institutions : voici la tâche explicitement assumée par les autorités post-communistes. Des acteurs politiques confectionnés sur le tas - l'élite politico-militaire de l'ancien régime convertie au post-communisme et ses contestataires cooptés symboliquement dans la démarche de construction politique du nouveau régime - étaient en fait entraînés dans un processus qui était plus qu'une simple invention institutionnelle.

L'enjeu politique majeur était de trouver une définition opérationnelle de la démocratie à naître, une définition capable de réaliser au moins deux conditions : être convaincante, c'est-à-dire affirmer sur un mode suffisamment clair la rupture avec l'ancien ordre politique, d'une part ; être praticable, c'est-à-dire rendre justice aux routines institutionnelles d'un État transféré indemne et tel quel au post-communisme, d'autre part. Inscrite dans la première loi électorale de 1990 et reconfirmée par la Constitution de 1991, la formule qui paraissait à même de combiner l'évidence du changement avec un principe de consensus pratique était celle de la démocratie électorale organisée dans les cadres gouvernementaux de l'ancien Parti-État.

La pluralité des partis en compétition pour les voix des citoyens était, certes, le signe le plus manifeste et le plus vite repérable du changement. Posés en preuves du changement politique, les partis servaient aussi d'outils de vérification de la disponibilité des citoyens à appuyer tant soit peu le régime politique en cours de constitution. Toutefois, le problème principal que la démocratisation avait à affronter était que ces partis censés illustrer et pratiquer à la fois le changement politique ne préexistaient pas au régime. Leurs identités et leurs structures organisationnelles étaient à produire avec le régime même que ces partis construisaient. La confection de l'identité des partis illustra le changement politique ; leur fabrication organisationnelle joua sur des solutions de continuité. Plus que les agents d'une transition, les nouveaux partis roumains devinrent les instruments d'une conversion à la démocratie.

La construction des identités partisanes fut un processus de portée nationale et de teneur médiatique. Au sommet du régime, des personnages politiques anciens ou nouveaux bricolèrent l'identité politique des partis qu'ils mettaient sur pied en racontant aux citoyens, grâce aux médias nationaux, des récits du passé, du présent et de l'avenir au sein desquels les partis étaient les auteurs du changement. Ces récits n'étaient alternatifs qu'en partie. Distincts sur le plan de la gestion symbolique du passé, ils convergeaient le plus souvent sur le plan de la gestion gouvernementale du présent.

La construction des organisations partisanes (confection des stratégies de sélection des élites locales et nationales, cooptation des membres et sympathisants, maintien de la solidarité partisane) fut en revanche un processus qui exploita les logiques locales et territoriales sous-tendues par la continuité institutionnelle de l'État. Ce principe de la continuité institutionnelle de l'État fut en fait confirmé et renforcé par les lois électorales successives, à commencer par celle de 1990. La législation électorale roumaine attribuait aux départements une valeur politique incommensurable en les transformant d'emblée en circonscriptions de magnitude variable, supports pour des élections organisées à la représentation proportionnelle. Ce faisant, le régime électoral post-communisme exhortait les partis à se loger dans le moule administratif et territorial de l'ancien Parti-État et, pour s'y articuler, à exploiter les routines et les savoir-faire gouvernementaux de celui-ci.

Ce choix politique de la continuité institutionnelle eut plusieurs conséquences non seulement pour l'émergence des partis, mais aussi - et surtout - pour la politique post-communiste en tant que telle. D'une part, la continuité institutionnelle invita les *leaders* nationaux des partis à composer avec des hiérarchies administratives locales afin de s'assurer une présence et une emprise territoriale rapide. Élites nationales émergentes et élites locales ou corporatives anciennes se virent entraînées dans une validation réciproque renforcée par la dépendance mutuelle. D'autre part, la même stratégie de pérennité structurelle invita les élites partisanes centrales et locales à reconduire dans le post-communisme les modes d'intégration politique effective des citoyens pratiqués dans les dernières années du communisme, c'est-à-dire la distribution sélective des ressources publiques de toutes sortes en fonction de solidarités particulières variées (familiales, économiques, culturelles, etc.).

Ces deux aspects de la construction des partis sont loin d'être statiques. Leur dynamisme fut à la fois complémentaire et contradictoire. Complémentaire d'abord. Incité par la continuité institutionnelle, le patronage (ou le clientélisme) fut également alimenté et entériné par les politiques de réforme et de restructuration de l'économie. Les grandes privatisations des années 1990 ne furent pas seulement les prémices de l'émergence d'une économie de marché. Elles participèrent aussi à des stratégies de construction organisationnelle – plus ou moins réussies et/ou intelligentes et durables – à la portée de ces partis-là ayant accédé à des positions gouvernementales (à la fin de la première décennie du post-communisme, tous les partis significatifs ayant émergé au début des années 1990 avaient acquis une expérience gouvernementale).

Le processus fut aussi contradictoire ensuite. La continuité relative des structures institutionnelles de l'ancien Parti-État ne signifia pas la reproduction à l'identique des processus de gouvernement. Car, d'une certaine manière, la pérennité institutionnelle de l'État en masqua l'effondrement fonctionnel. Un des phénomènes politiques et sociaux les plus significatifs de l'après-communisme roumain fut la montée de l'ingouvernabilité[1], à savoir de l'incapacité des instruments gouvernementaux disponibles à façonner (discipliner, inciter) les comportements sociaux significatifs.

Cette ingouvernabilité est à décliner sur deux paliers. Elle se manifesta d'une part sous la forme d'une invalidation soudaine de la cohérence du travail des mécanismes coercitifs de l'État déployés sur le territoire. Débarrassés du contrôle politico-idéologique de l'ancien régime, les relais territoriaux de l'administration de la justice, du contrôle et de la violence furent vite instrumentalisés dans des stratégies diffuses de construction partisane et/ou de promotion personnelle de leurs élites. L'ingouvernabilité se manifesta d'autre part par l'incapacité avérée des institutions publiques à réaliser des jonctions durables et concrètes avec la société. Débarrassés eux-mêmes des contraintes politico-idéologiques de l'ancien régime, les citoyens roumains combinèrent vite la démarche de la contestation politique avec celle, moins spectaculaire et pourvue d'effets plus durables, de la défection : défection pratiquée comme désobéissance diffuse, comme capacité d'échapper au contrôle et aux sanctions des institutions régulatrices de toutes sortes ; défection pratiquée comme abandon effectif du pays par une émigration massive.

Cette définition de la démocratie fut reconfirmée et renforcée par la législation électorale et partisane subséquente au titre de laquelle les partis politiques acquirent le monopole de l'expression de la volonté politique des citoyens. Au milieu des années 1990, la définition opérationnelle de la démocratie roumaine évoluait formellement vers une démocratie des partis : un régime où les partis, dorénavant personnes juridiques de droit public, ont à la fois la responsabilité exclusive de la représentation des citoyens et de la gestion de l'État. Cette confirmation s'accompagnait néanmoins de changements sensibles dans l'économie interne des partis affectant de manière décisive le type de politique pratiquée à l'échelle nationale. Car, en dépit de la sanction institutionnelle de leur rôle politique dans le processus de construction du nouveau régime, les partis n'étaient pas les acteurs cohérents et cohésifs sur lesquels le régime était formellement assis.

D'une part, fondées sur des stratégies de patronage, de construction et de maintien de la solidarité organisationnelle par la distribution sélective des ressources publiques, au fur et à mesure que les processus de restructuration de l'économie touchaient à leur fin, les hiérarchies partisanes nationales devenaient de plus en plus dépendantes de leurs ancrages locaux. Si la

1. Richard Rose, « Governing the Ungouvernability. A Skeptical Inquiry », *Studies in Public Policy*, 7, Center for the Study of Public Policy, University of Strathclyde, Glasgow, n° 1, 1977.

construction des partis avait débuté comme un processus descendant, la survie des partis devenait de plus en plus un processus ascendant au sein duquel des *leaders* locaux de taille et d'importance variées monnayaient leurs capacités de mobilisation électorale au profit des *leaders* nationaux contre des opportunités ou privilèges de nature économique. D'autre part, dans les conditions d'une capacité régulatrice toujours faible de l'État, par ailleurs déstructuré à son tour sous l'effet des politiques de transformation institutionnelle, l'opacité sociale ne cessait d'augmenter. La hausse très rapide de l'entropie sociale, le dynamisme des individus et des groupes échappant à la capacité, sinon à la volonté de contrôle, des mécanismes institutionnels de contrôle et de sanction ont fait que la société roumaine est vite devenue illisible en termes gouvernementaux pour la bureaucratie publique chargée de participer à l'élaboration des politiques de redistribution de ressources et de construction de bénéfices collectifs. Après l'intégration européenne de la Roumanie, la démocratie des partis construite durant les années du post-communisme voyait donc ses capacités gouvernementales drastiquement limitées. Dans les conditions de l'opacité gouvernementale de la société, le patronage demeurait le régime politique d'articulation de l'État et de la société : la socialisation sélective des ressources publiques restait le mode privilégié d'intégration politique des citoyens au sein d'un régime attaché à sa dimension électorale. La rigueur relative commandée par l'intégration européenne et, surtout, l'austérité et le rétrécissement institutionnel exigés par le gouvernement de la crise économique mirent sérieusement en cause ce régime politique de cohésion de l'État et de la société en invitant les responsables politiques à inventer des définitions opératives nouvelles de la démocratie et à considérer les démarches populistes comme des réponses provisoires. Ces définitions, on les attend toujours.

REVOLUTION, CONTRE-REVOLUTION ET PERIODE DE TRANSITION

ABDELJABAR BSAIES
Université Tunis El Manar

Il s'agit de partir d'une définition de la Révolution à savoir une rupture avec un ordre ancien et l'établissement d'un ordre nouveau. C'est au cours de cette période, précisément la période de transition, que des forces de tous ordres, tant internes qu'externes, tentent de bloquer le processus révolutionnaire, puis de l'éliminer pour revenir à la situation antérieure. Des exemples multiples le confirment : 1789 en France ; octobre 1917 en Russie, etc. Il s'agit d'analyser la notion de contre-révolution et d'essayer de recenser les éléments contre-révolutionnaires qui risquent de remettre en cause le processus engagé en Tunisie

Introduction

L'histoire des peuples est jalonnée de révolutions avec des caractéristiques propres à chacune d'elles et avec des objectifs et des acteurs différents. Si on admet que révolution signifie rupture avec un ordre existant, ceux qui tirent profit de cet ordre cherchent à empêcher la révolution de se concrétiser et cela pour préserver leurs privilèges. Il s'agit alors de contre-révolution. Celle-ci est en général active pendant la période où la révolution n'est pas pleinement réalisée et constitue la période de transition. Elle peut être plus ou moins longue et s'achève au moment où le nouveau régime issu de la révolution s'installe définitivement. La Tunisie vit une période de transition dès lors que la révolution n'est pas encore réalisée.

Le développement se présente comme suit : un premier point renvoie à l'étude de la notion de révolution, pour décrire ses caractéristiques, à savoir son intensité, ses mobiles, son idéologie, ses acteurs. Le second point est consacré à la notion de transition. Celle-ci concerne plusieurs domaines : économique, politique, démocratique. Un troisième point développe la notion de contre-révolution. Le reste du développement sera consacré à la révolution tunisienne, nous chercherons ses causes, ses acteurs, sa manifestation et, en espérant faire apparaître ses spécificités, nous traiterons de la contre-révolution aujourd'hui en cours. Nous montrerons qu'elle est de nature conservatrice, une première composante cherchant à rétablir un ordre ancien, la seconde cherchant à instaurer un ordre passé. On admet généralement qu'une révolution est rupture d'un ordre ancien et établissement d'un ordre nouveau ou mieux un nouveau commencement. Avec le temps, elle prend des formes qui s'adaptent aux conditions changeantes dans un pays donné. Pour s'en convaincre, on peut reprendre l'exemple français, où les révolutions s'enchaînent (1789, 1848, 1870) mais ont toutes un fond commun issu de la révolution de 1789.

Les révolutions sont plus ou moins profondes. Elles peuvent se limiter au remplacement du personnel dirigeant et dans ce cas on parle de révolution de palais. Elles peuvent aboutir à un changement des règles du jeu politique. On peut citer la révolution en Grande-Bretagne en 1688, où le pouvoir royal a dû laisser la place à une élite dirigeante. Mais les véritables révolutions conduisent à un bouleversement complet des règles du jeu politique et social, de l'élite dirigeante et un changement dans les rapports des groupes sociaux. Dans certains cas, il y a plus qu'une transformation, il y a mutation, et le cas de la Chine où il y eut rupture entre le passé et l'avenir est un bon exemple.

Le second aspect qui caractérise une révolution a trait aux mobiles qui la déclenchent. Parmi ces derniers, on retient essentiellement l'exaspération face à l'arbitraire et l'oppression. Ils font suite au renforcement de l'État, qui impose des décisions parfois sans fondements, notamment en matière de fiscalité. Quant à l'oppression, elle est ressentie politiquement dès lors que le pouvoir interdit toute expression dissidente et contrôle les faits et gestes de tout un chacun. Elle est aussi d'ordre économique lorsque l'inégalité dans la répartition devient insupportable.

Les révolutions se distinguent par la chute et la prise du pouvoir. Il est des cas où le détenteur du pouvoir démissionne suite à la pression de la rue, comme en Égypte et en Tunisie. Plus fréquemment, ce sont des militaires qui s'emparent du pouvoir et instaurent un nouveau régime. On pense ici aux coups d'État réalisés en Égypte par Nasser en 1952, par Guedafi en Libye en 1969 ; dans les deux cas, des rois ont été chassés du pouvoir. Dans d'autres cas ce sont les partis politiques qui ont pris le pouvoir, c'est le cas du Parti bolchévique en Russie en 1917, du Parti communiste chinois en 1949, du Parti national socialiste en 1933 en Allemagne et dans une certaine mesure, du Néo Destour en Tunisie, qui a pris le pouvoir en 1956 en remplacement du Protectorat français imposé à la Tunisie en 1881. Par ailleurs, toute révolution se nourrit d'une idéologie, qui représente en quelque sorte ses fondations, à partir de laquelle elle donne un sens au mouvement révolutionnaire, sens qui se concrétise en une vision d'une société à construire. A travers le temps, plusieurs idéologies ont pu servir de soubassement à l'action des révolutionnaires. On cite en premier lieu le conservatisme qui a servi de base principalement à l'intervention des généraux en Amérique latine, qui ont procédé à une révolution en ce sens qu'ils ont renversé des pouvoirs légitimement constitués et ont exercé un pouvoir dictatorial. Il en est de même en Grèce, avec l'intervention des colonels en 1967. Pour les uns et les autres, le conservatisme signifie restauration de « l'ordre ».

Le théocratisme est une autre idéologie qualifiée de « révolutionnaire » dont le noyau est un système religieux qui prétend instaurer un ordre social neuf sur des principes religieux. Le cas de l'Iran de Khomeiny est la meilleure illustration de ce choix de société et il représente une révolution, car le mouvement des Mollahs a renversé le Chah et son régime pour en instaurer un autre sur une base religieuse. Cette idéologie alimente encore de nos jours plusieurs partis dans différents pays arabo-musulmans.

Le nationalisme est une idéologie qui s'est répandue à travers différents pays et qui a servi de base à des révolutionnaires, en particulier dans des pays sous domination étrangère. L'exemple du FLN en Algérie est le meilleur exemple à citer dans ce cas. Mais en général, les mouvements nationalistes affirment leur attachement à la communauté et militent pour en faire une nation. Celle-ci peut être basée sur la langue, sur la race, sur la religion et de nos jours, de plus en plus, sur l'adhésion à des valeurs communes.

Les aristocrates peuvent être à l'origine d'une révolution, mais le cas est rare et ne se rencontre que dans des situations de révolution nationale, où ils se présentent comme les défenseurs de l'intérêt général. C'est ce qui s'est passé au cours de la révolution américaine, où les aristocrates, propriétaires d'esclaves, jouèrent un grand rôle.

Parmi les élites on trouve la bourgeoisie et l'histoire montre qu'elle a joué un rôle crucial dans le déclenchement et/ou la concrétisation de la révolution française de 1789, celle-ci a été d'abord un mouvement de population ployant sous la misère, puis assez rapidement l'élément bourgeois a pris la direction de la révolution

L'autre grand acteur est représenté par les peuples, en un groupement hétéroclite, majoritaire, comprenant des ouvriers, des commerçants, des petits bourgeois. Son rôle dans la révolution est particulier en ce sens qu'il ne fait pas la révolution, mais qu'il la déclenche puis aide une élite à prendre le pouvoir pour concrétiser cette dernière. L'histoire des révolutions le confirme, le peuple excédé par la misère réagit violemment, provoque des émeutes, s'en prend aux symboles représentatifs du pouvoir et c'est dans un tel cadre que la Bastille fut prise le 14 juillet 1789. Mais le peuple n'est pas organisé et par la suite ne peut mener seul une transformation des structures économiques, sociales pour aboutir à un nouveau schéma de société, c'est-à-dire qu'il ne peut entreprendre seul une révolution. Ce sont d'autres groupes issus des élites qui sont capables de mener cette tâche à bien avec l'aide du peuple.

L'expérience française est utile car, telle qu'elle s'est déroulée, elle représente un prototype référentiel. En effet elle est un nouveau commencement après l'élimination de l'ancien régime. Elle a ses mobiles, à savoir débarrasser le pays de l'absolutisme royal et écarter une classe rentière (noblesse, aristocratie, clergé). Elle a une idéologie : le libéralisme et la croyance en la liberté individuelle et l'appel à la raison. Elle a ses acteurs, le peuple en première phase, la bourgeoisie ensuite. Celle-ci s'est attachée à fonder une société formée sur une base rationnelle avec des institutions permettant l'exercice des libertés, le respect de l'individu maintenant émancipé et devenu sujet autonome.

Un tel système tendra à favoriser les connaissances et à renforcer l'industrie et représentera une concrétisation des conséquences de l'appel à la raison, aspect déjà mis en avant par les Lumières. Sur ce plan, Robespierre affirme : « c'est à la puissance de la raison, non à la force des armes, de propager les principes de notre glorieuse révolution ».

En général, on associe une révolution à une date : le 14 juillet 1789 en France, octobre 1917 en Russie, le 14 janvier en Tunisie, etc. mais en fait une révolution se fait sur le long terme. Le temps est le temps concret dont le contenu est représenté par l'action des hommes, mais il se passe un délai entre le moment où une révolution est déclenchée et le moment où une irréversibilité est constatée. Ce temps est qualifié de transition.

La transition

Cette notion a été avancée par Marx pour décrire le passage d'une structure socio-économique prévalant à une nouvelle structure. La démarche retenue par Marx est de nature dialectique et envisage la lutte entre deux éléments contradictoires au sein d'une unité. De cette lutte naît une nouvelle structure. Ce processus prend du temps et le passage progressif se fait selon deux tendances, un déclin progressif de l'ancienne structure, son affaiblissement et concomitamment le raffermissement progressif de la nouvelle structure. Toute cette période est la période de transition. Mais la notion peut être étendue à d'autres situations. Ainsi parle-t-on de transition lorsqu'il y a passage d'une forme de gouvernance à une autre. En général on s'attend à ce que des pays à gouvernance interpersonnelle accèdent à une forme de gouvernance impersonnelle basée sur des relations de droit. Le temps de la transition est le temps où de nouvelles institutions sont mises en place pour remplacer des institutions obsolètes. Naturellement, ceux qui tiraient profit de la situation ancienne cherchent à retarder l'établissement des nouvelles institutions et dressent des obstacles pour empêcher l'apparition d'une nouvelle situation.

On parle aussi de transition économique et cela concerne un certain nombre de situations. Ainsi deux secteurs économiques se juxtaposent, l'un traditionnel, l'autre moderne, le temps de la transition est celui où le secteur traditionnel perd de son importance au profit du secteur moderne, qui s'élargit progressivement en créant des activités dans le cadre de sous-secteurs qui entretiennent des relations entre eux. La transition est caractérisée par le transfert de main-d'œuvre du secteur traditionnel vers le secteur moderne et le transfert prend fin au moment où les productivités marginales dans les deux secteurs s'égalisent.

Une autre forme de transition économique est envisageable et a trait au passage d'une situation où la part de la main-d'œuvre dans l'industrie, faible au départ, augmente jusqu'à représenter 40 % de la force de travail. Dans ce cas, on admet que le pays devient un pays industrialisé[1] et c'est une autre façon de rendre compte du temps de transition, temps qui voit la proportion de main-d'œuvre agricole baisser progressivement pour ne plus représenter que 10 %.

Considérons à présent la transition démocratique, qui est plus proche de nos considérations. C'est un sujet controversé, sensible, surtout dans les pays du sud, caractérisés pour la plupart d'entre eux par des régimes politiques à pouvoir personnel et à parti unique. Dans ces pays, le pouvoir est exercé par un homme à la tête de l'exécutif, s'appuyant sur une clientèle qui, contre des privilèges octroyés, affirme son allégeance aux dirigeants. La forme du pouvoir est dictatoriale avec absence de toutes les libertés d'opinion et d'expression. La presse est contrôlée, les associations sous surveillance de l'État, la police politique est présente partout, la justice soumise à l'intimidation, l'administration au service des protégés du régime et exerçant un arbitraire contre toute « révolution ». Telle est la situation qui prévaut dans ces pays et il y a transition démocratique lorsqu'on passe de cette situation à une autre, caractérisée par le respect de la règle de droit, par la garantie des libertés fondamentales et individuelles, par le mode électif pour l'exercice du pouvoir ce qui permet aux citoyens de faire entendre leur voix, d'élire leurs représentants et éventuellement de les sanctionner. Telles sont les caractéristiques d'un régime démocratique et la transition signifie alors le passage du régime à pouvoir personnel au régime représentatif et le temps de la transition est le temps où de nouvelles institutions sont mises en place pour rendre possible l'établissement du régime démocratique.

La contre-révolution

Bien évidemment, les privilégiés de l'ancien régime, dans la crainte de perdre leurs privilèges et leur position dominante, vont chercher à empêcher le

1. Thèse soutenue par R. Aron dans *Dix-huit leçons sur la société industrielle.*

nouveau régime de s'établir. Pour cela, ils s'organisent et mettent en œuvre de multiples moyens pour parvenir à leur fin. Ils forment alors la contre-révolution.

Celle-ci n'est pas propre au pays en voie de développement à régime dictatorial, elle a été active chaque fois où les fervents de l'ancien régime ont cherché à sauvegarder leur acquis. Ainsi en fut-il en France après 1789, en Russie après 1917.

La contre-révolution se manifeste par les faits, des actes, et a ses théoriciens. On peut la définir comme « l'ensemble des moyens mis en œuvre pour s'opposer à une révolution ». Ces moyens peuvent être de tous ordres : militaires, marches, rassemblements, sabotages, grèves, etc. Elle inclut aussi tout ce qui après une révolution tente d'en annuler les effets, même bien longtemps après la réalisation de la révolution.

Son objectif consiste à restaurer l'ordre social sur la base de l'ordre ancien. La première démarche passe par la négation de la révolution en lui contestant toute légitimité. Puis la contre-révolution s'organise et prend plusieurs formes. Elle peut être de forme militaire : armée des Émigrés en France après 1789, Armée blanche en Russie après 1917, qui a mené une contre-révolution contre les forces révolutionnaires russes regroupées autour de l'Armée rouge. A Cuba, les forces anticastristes financées et armées par les Américains ont tenté en 1962 de renverser le régime de F. Castro et de mettre fin à la révolution de 1959. Il en est de même de la « contra » au Nicaragua, qui a tenté d'éliminer la révolution sandiniste.

D'autres formes de contre-révolutions sont possibles. C'est, par exemple, la grève pour paralyser l'économie et jeter ainsi le discrédit sur la révolution et finalement la faire échouer. Le cas du Chili du président Allende est à citer. En effet, S. Allende, chef d'un parti d'obédience marxiste, a pris démocratiquement le pouvoir en gagnant les élections qui ont été organisées à cet effet. Pour l'éliminer, la CIA a financé les camionneurs chiliens pour faire grève et bloquer ainsi toute l'économie, et l'armée de Pinochet fit le reste ; c'en était fini de la révolution chilienne. En Iran, après la révolution islamiste, un groupe contre-révolutionnaire s'est constitué, connu sous le nom de Moudjahidin du peuple, en prenant les armes pour lutter contre le régime nouvellement installé.

À côté de l'action violente que les contre-révolutionnaires n'hésitent pas à entreprendre, la contre-révolution s'alimente par des écrits théoriques qui renforcent les convictions des groupes contre-révolutionnaires et leur donnent une assise légitimant leur engagement.

Parmi les théoriciens et les courants de pensée qu'ils ont créés, on cite en premier lieu Ed Burke, qui a vécu en France avant la révolution de 1789 et qui s'est imposé en Grande-Bretagne comme pourfendeur de cette dernière. Contestant l'appel à la raison privilégié par les révolutionnaires français, Burke considère que la révolution française est une abstraction. Car Burke considère que le corps social est caractérisé par la diversité et celle-ci est consacrée par l'histoire, la coutume, l'habitude. De sorte que ce qui est naturel est ce qui est consacré par une habitude historique. Autrement dit, ce qui est naturel, c'est ce qui est réel et par la suite l'ordre de la société est celui qui est donné par l'histoire. Dans ces conditions, toute révolution qui, par définition, veut changer l'ordre des choses intervertit l'ordre établi, c'est-à-dire l'ordre naturel. Cet ordre tel qu'entrevu par Burke est jugé « normal » et dans cette acception, si une classe domine une autre, cela relève de l'ordre de la nature. Les idées de Burke servirent d'appuis à la réaction en Grande-Bretagne contre la révolution française que soutenaient les radicaux anglais et qui, de ce fait, subirent de multiples tracasseries et même certaines violences physiques de la part des conservateurs.

En France, la révolution eut à faire face aux monarchistes, à la noblesse, à l'aristocratie, au clergé qui tous craignaient pour leurs privilèges matériels et moraux ; leur porte-parole était Joseph de Maistre, qui condamnait la révolution française et opposait à la raison la foi, et soutenait l'autorité du roi et du pape.

En général, à travers les différentes prises de position et les différents écrits, plusieurs traits communs à la contre-révolution peuvent être recensés. Pour tous, de Burke jusqu'à Maurras, les contre-révolutionnaires déclarent leur hostilité aux formes démocratiques, au système du suffrage, aux partis politiques et refusent les institutions et les structures sociales issues de 1789.

Par opposition, les contre-révolutionnaires prennent une position de principe sur la nature humaine en affirmant, contrairement aux révolutionnaires, que la nature humaine ne change pas car Dieu l'a créée une fois pour toutes (Maistre).

Sur la base de ce présupposé, à savoir l'immuabilité des choses de la Nature, les contre-révolutionnaires militent pour l'ordre et contre le libéralisme et prônent le conservatisme. Ce dernier se personnalise par l'appel à la Nation gardienne des traditions et représentant, selon Maurras, le pays réel par rapport au pays légal, surimposé à la Nation par les hommes de loi, les bureaucrates et les profiteurs.

Dans le cadre de la Nation, les contre-révolutionnaires sont à la recherche d'une légitimité fondée sur l'unanimité exprimée par une foi nationale. Celle-ci affirme une harmonie sociale qui implique non pas les partis, mais les corporations qui unissent employeurs et ouvriers.

Pour mettre en pratique leur vision de la société, les contre-révolutionnaires, aux premiers temps des révolutions dans différents pays, militaient pour la monarchie. Cette volonté est encore entretenue par les contre-révolutionnaires qui espèrent voir s'instaurer de nouveau la monarchie, comme les maurrassiens en France, qui pensaient que de Gaulle ferait appel au Comte de Paris de la maison d'Orléans pour le placer sur le trône de France. De Gaulle a, pendant quelques temps, entretenu cet espoir par calcul, pour disposer des votes des monarchistes afin de régler le problème algérien. De même en Espagne, les monarchistes espagnols, du vivant de Franco, espéraient que celui-ci remettrait sur le trône d'Espagne un petit-fils d'Alphonse XIII.

Plus proche de nous et en tant que condamnation de la révolution dans le temps, on constate un peu partout que les mouvements de droite et d'extrême-droite se renforcent. Les mouvements militent, comme leurs prédécesseurs, en faveur de l'ordre et des valeurs traditionnelles et, de nos jours, contre la présence des étrangers, plus particulièrement ceux de confession musulmane.

La transition tunisienne

Comme toute révolution, la révolution tunisienne a ses causes, ses mobiles et ses acteurs. Les causes sont les unes lointaines, les autres présentes.

Pour les premières, il faut remonter à la période post-indépendante. En effet, le premier régime mis en place dans la Tunisie indépendante était caractérisé par l'exercice d'un pouvoir personnel et un contrôle de la société, en particulier par le biais d'un parti unique : le Parti d'État. Sur le plan de l'économie, on constate qu'un double clivage commençait à se dessiner, tant au regard de l'allocation des ressources que de la répartition. Car assez tôt le pouvoir s'est structuré autour de son chef, avec une clientèle avide de privilèges en contrepartie de leur allégeance au chef.

De ce fait, une économie patrimoniale s'est imposée petit à petit, en formant une sous-classe qui comprend des hommes d'affaires et des entrepreneurs, et une partie de la bureaucratie. Cette sous-classe drainait les richesses à son profit et entreprenait des projets le long des côtes, notamment dans le tourisme, tandis que les régions intérieures étaient les parents pauvres de ce système.

Quant aux causes présentes, elles sont à trouver dans le cadre du régime qui a succédé au premier. Ce second régime vit assez tôt les pouvoirs du Président se renforcer, confinant à la dictature. Dans son fonctionnement, ce régime pratiquait une gouvernance à base de relations personnelles, sans respect de la règle de droit, avec souvent de l'arbitraire administratif et en l'absence de toute liberté. Tout était contrôlé par le pouvoir de l'État. Sur le plan économique, le système s'apparentait à un « *crony capitalism* ».

Ce système avait pour acteurs les proches du pouvoir, la famille et leurs alliés. Tous prêtaient allégeance au chef de l'État et en contrepartie bénéficiaient de larges privilèges. Ce groupe, qui vit rapidement sa fortune s'élargir démesurément, agissait en dehors du cadre légal, et/ou bénéficiait d'appuis multiples au niveau de différentes administrations. En parallèle, une partie de ce groupe aggravait la prédation en laissant glisser le dinar pour sauvegarder la position compétitive des exportations tunisiennes face à la concurrence internationale, et plus particulièrement, la concurrence chinoise.

En plus de cette catégorie, le régime comptait sur une classe d'affaires agissant en toute impunité face aux règlements et aux lois, couverte par l'administration et par le parti au pouvoir, auxiliaire puissant du régime et exerçant une domination totale sur le pays. En matière d'activités économiques et de répartition du revenu, les investissements réalisés étaient largement orientés vers les côtes, où il existe des infrastructures d'accueil disponibles et des facilités d'implantation.

De ce fait, les régions intérieures étaient encore plus marginalisées et s'appauvrissaient d'année en année, avec une aggravation du chômage des jeunes et des diplômés. En un mot, les régions sombraient dans la misère, subissaient de surcroît l'arbitraire exercé par les représentants du parti du pouvoir, qui maintenaient en étroite surveillance la population, qui extorquaient des fonds pour différents motifs. Bref, c'était et la misère et l'oppression, de sorte qu'une telle situation ne pouvait déboucher que sur la révolution en Tunisie.

Ce fut une explosion violente de la misère et de la frustration, visant à retrouver une dignité à travers de meilleures conditions de vie et une valeur humaine à travers la revendication de liberté. On y trouve des chômeurs de tous ordres, d'âges divers, des diplômés, des marginalisés, des villes et des campagnes, des paysans pauvres, des gens de la petite bourgeoisie paupérisée. Mais le fait marquant dans cet ensemble est la présence de l'élément jeune. En effet, ce qui fait la spécificité de ce mouvement par rapport à d'autres révolutions, c'est la présence prépondérante de la jeunesse constatée partout et en particulier dans les grandes marches de manifestation qui ont eu lieu dans les grandes villes, entre autres à Tunis, et appelant à la chute du régime en place.

Cela a été possible car il y a eu une convergence de ce bloc de classes en même temps que leur unité. C'est cet aspect qui a conduit au renversement du chef de l'État, symbole de la répression et de l'oppression. Cette irruption des masses s'est faite dans un premier temps sans modifier de fond en comble l'appareil d'État, car la classe ayant déclenché la révolution est inorganisée et c'est un des aspects distinctifs de la révolution tunisienne, en ce sens que le mouvement insurrectionnel s'est développé sans encadrement. Il fut spontané mais a bénéficié d'une coordination assurée par des jeunes par le biais des réseaux sociaux de sorte que le mouvement, s'il a l'avantage de ne pas avoir à subir une quelconque tutelle, n'est pas en mesure, seul, de parachever la révolution.

En effet, le mouvement, d'abord, n'a pas les moyens de produire seul, un nouvel appareil d'État poursuivant de nouveaux buts économiques et sociaux. D'autre part, le mouvement, parce qu'inorganisé et sans direction, n'est pas en mesure d'élaborer un programme qui exprimerait ses attentes. S'il en est ainsi, c'est parce que les masses ne se sont pas encore dotées d'organes de direction. Face à ce vide, les partis politiques, ceux tolérés et ceux fraîchement légalisés, sont en passe de s'approprier la révolution et de la gérer au gré de leurs intérêts. Le phénomène n'est pas nouveau. En effet, tant en France après 1789 qu'en Russie en 1917, les partis politiques se sont substitués aux masses populaires qui ont déclenché la révolution.

La contre-révolution en Tunisie

De même, comme partout ailleurs, la contre-révolution s'est vite déclarée en opposition à la révolution. Elle est multiforme et comprend des éléments de l'ancien régime et des éléments qui forment la tradition conservatrice qui de longue date ne cache pas son intention de promouvoir une société conforme aux principes religieux.

En effet, les privilégiés de l'ancien régime, suite à l'explosion révolutionnaire, constatent leur mise à l'écart et certains sont traduits en justice pour répondre des malversations et d'abus de biens sociaux. En réaction, ces éléments, qui comprennent des groupes financés par l'ancien parti au pouvoir entre temps dissout, se sont mis à créer des troubles à travers le pays, troubles de tous ordres : attaques de locaux, agressions, incendies, vols de magasins, bris de vitrines, etc.

D'un autre côté, l'ancien régime manifeste sa présence par ses partisans à l'intérieur de différentes forces encore présentes aux postes de responsabilité. Ce phénomène est constaté au niveau du ministère de l'Intérieur, où de hauts cadres dressent des obstacles à l'effort d'établissement de la sécurité. Il en est de même au sein du ministère de la Justice, où des affaires « traînent », où des malfaiteurs pris en flagrant délit de vols et déférés devant le juge d'instruction sont relâchés sans condamnation.

L'objectif de ces contre-révolutionnaires est d'abord de discréditer la révolution, de montrer qu'elle est incapable de maintenir l'ordre, de gérer correctement le pays et aussi d'accréditer l'idée que l'armée de l'ancien régime est plus appropriée pour gouverner le pays. Et à défaut de penser à un éventuel retour au pouvoir de l'ancien président, ils pensent, au nom de l'ordre ancien, après avoir éliminé la révolution, à confier le pouvoir aux membres de l'ancien régime regroupés au sein du nouveau parti, en fait une réplique de l'ancien parti du pouvoir dissout.

Telle est la contre-révolution au nom du retour à l'ordre ancien.

Tout autre est la contre-révolution conservatrice qui agit au nom d'un ordre passé. Le courant conservateur, précisément, cherche à s'opposer à cette tendance en se basant sur la tradition religieuse et en évoquant le passé, c'est-à-dire les premiers temps de l'Islam, où les musulmans étaient régis selon les préceptes religieux.

A la vérité, ces deux courants prônent le conservatisme et chacun d'eux s'appuie sur des arguments qui lui sont propres. Le premier s'oppose à la population, il invoque « l'ordre » et la « stabilité » contre l'anarchie et l'insécurité. Pour cela, il établit une comparaison entre une période passée, caractérisée par l'ordre, et la situation aujourd'hui, dans laquelle les contre-révolutionnaires entretiennent l'insécurité. Pour concrétiser ce retour à l'« ordre », ils proposent de confier cette tâche à un homme fort qui rétablirait la sécurité et qui administrerait le pays sur la base d'une discipline d'obéissance.

Quant au second courant, ses tenants s'appuient sur des modèles élaborés à partir de préceptes religieux. Ils prétendent à l'instauration d'une société « équilibrée » qui rejetterait toute forme d'inégalité. Cette société, c'est un autre mode de vie sans rapport avec la modernité, considérée comme une notion importée de l'« Occident ».

Conclusion

La révolution tunisienne fait aujourd'hui date parce qu'elle montre qu'une population désarmée peut venir à bout d'un régime répressif n'hésitant pas à tirer sur la foule pour conserver le pouvoir. C'est une révolution spécifique par ses acteurs, les jeunes surtout, par les moyens mis en œuvre, essentiellement une coordination entre régions, par Facebook et par l'absence de direction unique et d'action centralisée.

Spécifique aussi est la contre-révolution qui s'oppose à elle en ce sens qu'elle représente un obstacle conservatiste. Le premier pousse au retour à un ancien régime, l'autre contre la modernité annoncée.

QUESTIONS DU PUBLIC

LA SALLE

Je voudrais savoir comment on s'est comporté en Roumanie et en Grèce avec ce que M. Daguzan appelle les technostructures, avec une continuité de l'État et des services publics surtout lorsqu'on a assisté, avant la révolution, à une sorte de délabrement de l'État.

LA SALLE

Je voudrais poser une question à M. Bsaies. A la lumière de cette synthèse historique des divergences et des convergences entre les révolutions qu'il a citées et la révolution tunisienne, qu'en est-il, notamment, de la question de la contre-révolution ?

SOPHIA MAPPA

L'essentiel dans ces questions n'est pas le maintien ou non de la technostructure. Ce qui est le plus intéressant, c'est la continuité des mentalités dans la manière d'instituer le pouvoir. Or, ce que je peux vous dire, c'est que les modes d'institution du pouvoir n'ont pas changé. Le pouvoir issu de l'effondrement de la dictature est aussi clientéliste et aussi arbitraire que par le passé, et ses rapports avec la société restent les mêmes. Ce qui explique la faillite. L'État a donné plus qu'il le pouvait. Dans le même ordre d'idées, je dirais que nous n'avons pas un désaccord mais un malentendu sur la question de la transition. L'idée de la Banque mondiale et d'autres institutions internationales que l'on sort d'un système pour aller nécessairement vers un autre prescrit d'avance (le capitalisme, les droits de l'Homme, etc.) est une position idéologique. Je pense que l'histoire n'a jamais vérifié de telles prophéties. Je me disais en vous écoutant qu'en Tunisie comme en Grèce et dans d'autres pays, l'essentiel est de remettre en question l'institution du pouvoir à tous les niveaux de la société. C'est-à-dire que ce n'est pas seulement au niveau du pouvoir politique, inégalitaire, autoritaire, qu'il faut agir mais d'une manière générale sur l'institution de tous les pouvoirs à l'intérieur de la société.

ALEXANDRA IONESCU

Rapidement, je répondrai que pour une bonne partie des acteurs politiques en Roumanie, la continuité des savoir-faire de la technocratie a été vue comme une solution de gestion du changement politique. Nous avons essayé de garder et de maintenir les institutions mais aussi les modes de production du savoir et des savoir-faire qui alimentaient ces institutions. Ce qui a posé problème à mon sens, c'est cette continuité du savoir-faire de l'État, une illisibilité radicale de la société et une incapacité des institutions à voir la société. Je vous ai parlé de la capacité des citoyens à échapper au contrôle de l'État. Cette technocratie est devenue vite inadéquate à l'objectif qui lui est assigné.

ABDELJABAR BSAIES

Concernant les divergences et les convergences, je dirais qu'il y a quelques spécificités à l'expérience tunisienne. Premièrement, elle a été déclenchée par les jeunes. Deuxièmement, concernant les moyens de cette révolution pour réussir ce déclenchement, il y a eu Facebook, coordination de tous les mouvements éparpillés à travers le pays, qui a fait que tout le pays s'est embrasé et ce moyen n'avait jamais existé, il est propre à la Tunisie et plus tard, il fera des émules en Égypte, en Syrie. D'autre part, le peuple seul ne peut pas faire la révolution, le peuple doit être entraîné par une élite : Nasser en Égypte. Il y a donc des spécificités comme dit Sophia Mappa, mais sur ce plan il y a convergence sur le fait que le peuple ne peut pas mener seul une révolution.

CINQUIEME SESSION

TRANSITION POLITIQUE, ECONOMIQUE ET CULTURELLE

MODERATEUR : JEAN-FRANÇOIS DAGUZAN
Directeur de la revue Maghreb-Machrek, Maître de recherche à la FRS

Après une journée particulièrement riche en échanges, nous avons vu une première vague de réflexions et d'analyses sur les transitions économiques et politiques. Nous voilà dans la deuxième, qui va nous permettre de découvrir d'autres approches et d'autres perspectives. Nous allons regarder comment les transitions se sont organisées dans le monde, les succès que l'on a pu entrevoir et parfois aussi les échecs. Dans tous les cas, nous nous sommes intéressés aux divers chemins que les transitions politiques et sociologiques ont empruntés et nous avons relevé quelques faits saillants, quelques traits remarquables qui nous permettent de dégager quelques pistes pour la révolution tunisienne et la transition politique et économique qui va s'en suivre. N'étant pas donneurs de leçons, et ne proposant pas de modèle, tout ce que nous pouvons faire, avec humilité et modestie, c'est d'essayer de regarder le spectre de ces transitions pour voir s'il y a des choses à prendre ici ou là pour la poursuite de cette transition qui vient tout juste de démarrer à quelques jours près pourrait-on dire. Je donne immédiatement la parole à M. Belaid, de l'Université de Carthage, pour une première intervention : « Révolutions économiques, révolutions politiques, quelles perspectives ? »

« REVOLUTIONS » POLITIQUES, « REVOLUTIONS » ECONOMIQUES : QUELLES PERSPECTIVES ?

SADOK BELAID
Université de Carthage

De nombreuses questions ont surgi à la suite de l'embrasement du monde arabe par les révolutions en chaîne qui ont éclaté au cours de ces derniers mois. Quelles sont les origines de ces révolutions ? Quel en est le contenu ? Quelles en sont les motivations ? Plus particulièrement, sont-elles des révolutions « politiques », ou plutôt des révolutions « économiques », ou encore un mélange des deux ?

Une révolution « politique » ?

A priori, l'observation des événements met en évidence le caractère « politique » de ces révolutions. Les slogans scandés par les foules durant plusieurs semaines dans toutes les villes de Tunisie, d'Égypte, de Jordanie, du Yémen, de Bahreïn, d'Irak, de Libye et de Syrie ont uniformément appelé à la « chute du régime » en place. Ils ont revendiqué les mêmes changements qui sont tous, d'un caractère « politique » prononcé : l'instauration d'un régime démocratique, la proclamation des principes de liberté, de dignité, de justice, de « l'État de droit », etc. Contrairement à d'autres soulèvements populaires qui ont eu lieu à Tunis ou au Caire et qui portaient sur des recommandations plutôt « économiques et sociales » comme les « révoltes du pain », les révolutions actuelles ont été marquées par la quasi-absence des demandes de caractère clairement « économique ». Cela peut être constaté aussi bien du côté des insurgés que du côté des régimes contre lesquels ils se sont révoltés.

Les premiers ont rarement articulé des demandes de caractère franchement économique ou social. Même lorsque leurs slogans ont évoqué des sujets touchant à l'économie, comme la lutte contre la corruption, c'est plutôt sous leur aspect « politique » ou même plus clairement « moral », qu'ils ont été énoncés. Les problèmes économiques n'ont pas fait l'objet de leur part d'une formulation élaborée et encore moins d'une programmation d'actions économiques suffisamment précise. Même les discours prononcés par les porte-parole des mouvements révolutionnaires ou, par la suite, par les dirigeants des grands partis ou syndicats, lorsqu'ils ont eu droit à la parole, n'ont pas défini d'une manière suffisamment approfondie des revendications de caractère économique, ni attribué aux masses populaires des demandes de cette nature.

Les gouvernants arabes, tous pris par surprise par la rapidité et la puissance des mouvements insurrectionnels, ont presque instinctivement réagi en interprétant ces derniers en termes strictement « politiques » et même, étroitement, « sécuritaires ». Ils ont rarement analysé ces mouvements populaires en termes « économiques » et, ils ont rarement cherché à réagir à ces derniers par la formulation de mesures économiques et sociales à leurs yeux suffisamment crédibles et susceptibles de calmer les vagues de protestations ou d'insurrections.

L'Algérie semble, *a priori*, être un cas isolé, dans un premier temps tout au moins. Les premières émeutes avaient un caractère assez prononcé de revendications « sociales » et accessoirement « économiques » : elles portaient sur la dénonciation de la cherté de la vie, du chômage, de la faiblesse des couvertures sociales et du mauvais fonctionnement des services publics. Mais elles ne portaient pas spécialement sur le fond de la « politique économique » du gouvernement, ni sur sa remise en cause. Même si, par la suite, les mouvements de protestation, en même temps qu'ils se sont radicalisés, ont pris un caractère assez fortement « politique » et s'ils ont repris à leur propre compte les demandes « politiques » des mouvements révolutionnaires des autres pays arabes, le régime algérien, lui, a continué de traiter la crise sous un angle essentiellement « politique et sécuritaire ». La répression des dernières émeutes à Alger a pris le caractère d'une épreuve de force entre le régime en place et la population en révolte. Comme pour insister sur la justesse de son analyse, le gouvernement algérien n'a pas cru devoir assortir cette reprise en main de la situation de quelque programme de réforme « économique » d'ensemble ni de nouvelles mesures d'urgence « sociale ».

Les gouvernements des autres pays arabes, qui ont eu à faire face à des mouvements insurrectionnels plus puissants, n'ont pas réagi d'une manière notablement différente. Le cas de la Tunisie est assez significatif à cet égard. Le régime alors en place, pris de court par les mouvements de protestation, n'a pas réussi à introduire dans son discours et dans ses actions sur le terrain, une dimension « économique et sociale » convaincante. Il a commencé par imputer l'origine des émeutes qui se sont déclenchées progressivement dans l'ensemble du pays à des agents venus de l'étranger et/ou à des activistes islamistes, éternels ennemis de la Tunisie : une manière de détourner l'attention des vrais problèmes du pays, notamment les problèmes « économiques et sociaux ». Lorsqu'il a été sérieusement interpellé par les suicides en cascades qui ont endeuillé les régions du Sud-Ouest du pays, le président déchu les a qualifiés de simples actes de désespoir commis par des personnes psychiquement déréglées. Lorsque par la suite il a fini par prendre acte de la gravité de la situation et de la réalité des origines des drames sociaux qui frappent le pays tout entier, il a, dans un premier temps, admis l'impuissance du régime à résoudre le problème du chômage qu'il a présenté comme une fatalité mondiale et, dans un deuxième temps, il a annoncé péremptoirement son engagement à créer jusqu'à 300 000 emplois sur les trois années à venir, initiative spécialement adressée aux jeunes diplômés de l'université : en fait, un engagement tout à fait démagogique et difficilement réalisable compte tenu des conditions « économiques et sociales » qui prévalaient à l'époque dans ces régions.

Mais surtout, ces atermoiements montrent la très relative sensibilité du régime de l'époque aux problèmes « politiques » du pays ou, plus précisément, sa très grave tendance à s'enfermer dans sa propre conception de la « politique économique » en cours et à se fermer à l'idée d'une révision ou d'une adaptation de cette dernière aux nouvelles données « socio-économiques » du pays. Entendus ainsi, les événements de décembre 2010 et janvier 2011 dénotent une grave crise « politique » du régime en place dans le sens où ce dernier a atteint un degré de sclérose fonctionnelle tel qu'il en est devenu incapable de repenser et, plus encore, de mettre en œuvre une nouvelle « politique économique et sociale ».

Une révolution « économique » ?

Le fait que le régime en place avant le 14 janvier a été frappé d'une sclérose « politique » qui l'a rendu incapable de percevoir les changements survenus dans le pays et la nature de ces changements n'exclut pas le fait que cette crise soit accompagnée et même aggravée par l'existence d'une crise « économique et sociale » aussi importante. De fait, divers aspects démontrent, d'abord, la réalité de cette crise et ensuite, la présence très lourde de la dimension « économique et sociale » dans cette crise.

a) Le déclenchement des événements avait un caractère « économique et social » certain. C'est par un acte d'immolation d'un jeune homme au chômage malgré le bon niveau de formation scolaire qu'il avait reçu que l'attention de tout le pays a été attirée sur la détresse dans laquelle se trouve une grande partie de notre jeunesse, réduite depuis longtemps au chômage et, surtout, son désespoir de ne pas voir se résoudre ce problème dans un proche avenir.

La crise de l'emploi en général, et de l'emploi des jeunes et des jeunes diplômés de l'université plus particulièrement, est, depuis plusieurs années, ponctuée par des drames aussi significatifs qui voient des jeunes chercher à émigrer clandestinement vers les pays européens, et dont certains terminent leur aventure aussi tristement que les suicidaires de l'intérieur du pays. A cela, il faut ajouter les graves crises psychologiques et morales dans lesquelles se trouve plongée cette jeunesse. La gravité de la crise se trouve accentuée, un peu à l'image du mythe de Sisyphe, par l'interminable augmentation du nombre des jeunes chômeurs du fait de l'arrivée, à la fin de chaque année universitaire, de nouvelles promotions de jeunes diplômés en quête d'emplois.

Le résultat de cette accumulation de demandes insatisfaites d'emplois de jeunes diplômés, qui alourdit le chômage en général, est l'incapacité quasi définitive, compte tenu des choix de « politique économique » actuels, du gouvernement de faire face à cette crise. Sur ce plan précis, le pays se trouve déjà enfoncé dans une crise « économique », dans le sens où il est incapable de résoudre un problème crucial de nature « économique et sociale ». Mais encore, il est enfoncé dans une crise « politique », dans le sens où le régime en place était dans l'incapacité de trouver l'énergie nécessaire pour mettre en œuvre une nouvelle politique dans ce domaine et de mobiliser ses rouages et ses mécanismes. La sclérose est, ainsi, de nature « économique et sociale » et, aussi, de nature « politique ».

b) Il faut parler d'un autre facteur de même nature qui revêt une très grande importance et dont l'effet négatif se cumule avec le premier, qui vient d'être rappelé : l'économie du pays se trouve frappée d'un mal endémique très grave mais qui, comme le cancer, est un mal insidieux et se manifeste beaucoup moins ouvertement que le chômage, par exemple, tout en produisant des effets non moins dévastateurs. Il s'agit de la « corruption », phénomène pathologique très répandu dans le monde, il est vrai, mais qui en Tunisie, sous l'ancien régime, a été élevé au rang d'une « politique d'État », et qui, de ce fait, a pu construire son propre environnement, ses propres agents, groupes et castes, sa propre mafia, son propre ordre normatif, ses propres mécanismes de répression, neutraliser l'ordre normatif officiel du pays ou, mieux encore, l'asservir à ses propres intérêts, et prolonger ses effets et ses propres ramifications au-delà des frontières du pays.

Le résultat de cette politique a été la construction dans ce pays d'un double système « économique et social » : le système « économique et social » officiel, étatique, « légal », d'un côté, et d'autre part, le système « économique et social » informel/non officiel, para-étatique, « illégal ». Ce système, frappé par une boulimie hystérique de fin de règne, a fini ces dernières années par mettre sérieusement en danger le système « économique et social » officiel. Il n'est pas besoin de s'étendre sur ce point, fort connu de tous. Limitons-nous à dire, après les experts internationaux, qu'à cause de la « Corruption » et de ses diverses manifestations, la Tunisie a régulièrement perdu un à deux points de croissance par an, ce qui veut dire qu'avec une meilleure gestion de la croissance, le chômage aurait pu sinon être entièrement éradiqué, du moins être atténué dans une large mesure.

En fait, entre les deux fléaux, « Corruption » et « Chômage », il y a une relation de parenté ou, peut-être, de paternité. En tout cas, leur conjonction a suffi pour plonger le pays dans une crise inédite. D'un autre côté, cette double maladie de l'économie ajoute ses effets à ceux de la crise « politique » pour conduire le pays vers un processus de préparation de l'explosion révolutionnaire.

c) Un troisième facteur, de portée plus générale, doit être mentionné si l'on veut trouver une explication convaincante à la crise très grave du pays et à l'éclatement inévitable de la révolution. Il s'agit ici d'une matière dans laquelle nous nous hasarderons avec beaucoup d'hésitation devant un aréopage de spécialistes de l'économie tunisienne. La crise qui a frappé l'économie tunisienne est très directement générée par la très faible performance du « modèle de développement » arrêté par le gouvernement depuis plusieurs décennies et resté inchangé dans ses grandes lignes. Dans l'ensemble, il s'agit d'une économie qui produit une faible plus-value parce qu'elle est fondée sur un secteur primaire plutôt sous-développé et à faible composante technologique moderne, sur un secteur industriel essentiellement fondé sur l'imitation plutôt que sur l'innovation, sur une trop grande concentration sur les petites et moyennes entreprises comme unités de production, sur l'absence de politique industrielle globale et dynamique, et sur le recours à une main-d'œuvre peu qualifiée et à un encadrement technologique très faible ; sur un secteur tertiaire tout aussi rudimentaire ; sur un faible taux d'innovation technologique et d'innovation sociale, sur une faible attractivité de la Tunisie pour les investissements étrangers ; sur un encadrement institutionnel et étatique rigide et encombrant, et enfin sur une intégration très faible et difficile de l'économie tunisienne dans l'économie mondiale.

Le résultat en a été une économie essoufflée, bloquée, soumise à une forte dépendance vis-à-vis de l'étranger, souffrant d'une dégradation de ses équilibres macro-économiques, contrainte de soumettre sa force de travail à des conditions de travail et à des niveaux de rémunération lamentables, le tout conduisant à un fléchissement et à un piétinement de la croissance économique, à une dislocation du tissu social et à l'apparition d'une grave bipolarisation sociale, à un sérieux déclin de la classe moyenne et à une poussée inquiétante des inégalités dans la répartition de la richesse nationale. Immanquablement, le pays était ainsi engagé dans un processus de crise « économique et sociale », qui allait conduire à une révolution de même nature.

Les deux dimensions « politique » et « économique » de la Révolution

Tous ces éléments sont fortement liés entre eux : les déficiences du « modèle de développement » se traduisent par des déséquilibres économiques et par des injustices sociales graves. Ils entraînent l'étouffement de l'économie et son essoufflement, qui entraînent à leur tour la concentration, par les moyens les plus scandaleux, de la majeure partie de la richesse nationale entre les mains d'une oligarchie économique et politique à tendance mafieuse, et qui détourne l'État de sa mission globale de service public, se désintéresse du développement du pays pour se concentrer sur l'accumulation de la plus grande richesse entre ses mains, et finit par mettre en place un système politique conçu pour sécuriser ce déséquilibre global à son avantage et pour le figer dans cet état : c'est le système de dictature mafieuse que la Tunisie a connu au cours de ces dernières années.

Le maillon le plus grave de ce processus est, à notre avis, celui qui porte sur le renouvellement et l'enrichissement de l'intelligence, principale composante d'une politique économique et sociale saine et dynamique, c'est-à-dire le système éducationnel. A notre avis, c'est au niveau du système éducationnel national que culminent toutes les contradictions et les déficiences observées dans le développement politique, économique et social de notre pays, et que l'on doit trouver les origines et la nature de la révolution du 14 janvier. C'est aussi par la profonde révision de ce système dans son ensemble que la Tunisie sera en mesure d'atteindre les objectifs de cette révolution et de remettre sur la bonne voie son projet de développement global, durable, équitable et adapté aux exigences de la nouvelle société mondialisée.

Un préalable : la révision du système éducationnel national

Nous ne nous étendrons pas sur le succès des économies du Sud-Est asiatique, tant cela est connu de tout le monde. Nous nous limiterons à mettre l'accent sur l'importance du facteur éducationnel dans ce développement spectaculaire. Pensons au cas de l'Inde. Ce pays, classé « pays sous-développé » il y a seulement quelques dizaines d'années, a réussi un décollage dans les secteurs industriel et des services tel qu'il est devenu, en quelques années, le partenaire incontournable des pays les plus développés au monde comme les États-Unis et l'Union européenne, et ce dans les domaines les plus sophistiqués et les activités les plus pointues.

Divers facteurs y ont contribué, assurément. Mais il est évident que la composante « Intelligence » y occupe une place de choix. Si les activités industrielles et de services ont pu faire un bond aussi important, c'est qu'entre autres, ils ont trouvé dans le pays les ressources humaines et les cadres nécessaires, c'est-à-dire les cadres scientifiques et universitaires, les ingénieurs hautement qualifiés, les managers, les cadres supérieurs et les cadres moyens nécessaires à leur bon fonctionnement, et suffisamment compétitifs par comparaison avec les conditions et les offres disponibles dans les pays occidentaux. Cela n'est pas venu à partir de rien : c'est tout le système éducationnel qui y a contribué avec succès et sans à-coups, depuis la formation de base jusqu'à la formation universitaire. Les Physiocrates l'ont déjà dit : lorsqu'un pays dispose de bons savants, de bons ingénieurs, de bons managers et de bons cadres, il sera capable de produire des miracles. L'Inde est parmi les pays les plus démonstratifs de cette vérité essentielle pour toute politique valable de développement économique, social et politique. Il n'en monopolise cependant pas le secret : tous les pays occidentaux et les autres pays développés plus généralement, trouveront le ressort de leur développement national dans l'application de cette « recette-miracle » : *« Create », « Imagine », « Invent »*, etc.

Il suffit de faire application, « les yeux fermés », de ce postulat au cas particulier de notre pays, à la fois pour expliquer et évaluer son très modeste « modèle de développement » suivi au cours des dernières décennies et pour trouver la voie juste pour le conduire plus sûrement vers des perspectives de développement global, progressif et durable, plus prometteuses que les tâtonnements et les improvisations antérieurs. Si les jeunes diplômés de l'université ne trouvent pas d'emplois dans leur pays, c'est que l'entreprise tunisienne a continué à végéter dans des conditions de production, de productivité, de rendement très modestes, qui ne lui permettent pas de s'ouvrir sur le monde extérieur, de concurrencer les entreprises étrangères, d'innover pour conquérir des marchés plus attractifs... Or cela ne peut se faire qu'à la condition que ce pays offre le cadre propice à un tel engagement, à de telles ambitions. En l'absence de telles conditions, l'économie tunisienne restera, globalement, dans l'état de sous-développement qu'elle connaît actuellement ; l'entreprise continuera à fonctionner avec un encadrement techno-scientifique réduit ; le chômage des jeunes continuera aussi à s'amplifier. Le cercle vicieux de ce qu'on pourrait appeler le « sous-développement durable » continuera de bloquer la dynamisation de l'ensemble du système, aussi bien sur le plan « économique et social » que sur le plan « politique ».

Diverses initiatives ont été déjà lancées en vue de mettre en place les réformes globales salutaires dans les domaines politique, économique et social. Pour notre part, nous voudrions attirer l'attention sur ce domaine particulièrement important à nos yeux, et qui a été très souvent, hélas, ignoré ou tout au moins marginalisé : le domaine éducationnel. A notre sens, deux propositions permettront à notre pays de se dégager de ce cercle vicieux et de réaliser les objectifs de la « Révolution du 14 janvier ».

A- A court terme : élever le niveau des enseignements primaire et secondaire par un recrutement massif des diplômés en chômage.

Le niveau des enseignements primaire et secondaire est notoirement bas et il laisse fortement à désirer sur divers plans, notamment sur le plan de l'encadrement pédagogique des enseignements. C'est par là qu'il faut commencer les réformes. Les cadres enseignants doivent être fortement renforcés et recyclés. Les programmes de formation doivent être à nouveau révisés, modernisés, et ils doivent s'appuyer sur des méthodes d'enseignement modernes et sur des équipements pédagogiques performants. Les profils de formation doivent être diversifiés, solidement encadrés et soumis à des exigences de performance plus grandes que celles actuellement appliquées. Dans tout cela, c'est le cadre humain et enseignant qui doit être sérieusement réformé. Pour cela, il faut renforcer le personnel enseignant, et en améliorer nettement le niveau et les capacités pédagogiques, motiver l'enseignant à sa mission par une révision de ses conditions de travail et de la situation matérielle qui lui est offerte.

L'appel aux jeunes diplômés sera une contribution importante à cette initiative. Une formation pédagogique initiale et continue sera indispensable sur le court terme. Mais, dans l'ensemble, cette intégration des jeunes diplômés apportera du sang nouveau à ce secteur, et pourra très utilement relayer les personnels actuellement en service et dont les performances ont aujourd'hui atteint leurs limites, du moins dans une certaine mesure.

B- A moyen terme : réformer l'enseignement supérieur en abrogeant le système « LMD » et en instituant des cycles d'enseignement de cinq ans.

L'enseignement supérieur souffre des conséquences de la baisse de niveau des secteurs primaire et secondaire. Mais d'un autre côté, il y a un souffle nouveau à introduire dans l'ensemble de cet enseignement. Le système « LMD », peut-être valable dans certains pays occidentaux, ne répond ni aux exigences de niveau de notre enseignement supérieur ni aux besoins de notre pays. Non seulement nous avons un problème de déficit de niveau à rattraper, mais encore nous avons de très importantes exigences supplémentaires de performance à satisfaire si nous voulons que le niveau de nos enseignements s'améliore, si nous voulons rentabiliser les résultats de nos efforts dans ce domaine, si nous voulons faire face à la compétition des autres systèmes d'enseignement supérieur, et si nous voulons former une élite de chercheurs universitaires capables d'ouvrir les nouvelles voies et seconder les différents secteurs de l'économie nationale dans leurs efforts de développement et de progrès.

MODERATEUR : JEAN FRANÇOIS DAGUZAN
Directeur de la revue Maghreb-Machrek, Maître de recherche à la FRS

Merci. M. le professeur Belaid, de terminer sur des propositions concrètes liées à l'enseignement et l'éducation. Je retiens l'idée du modèle indien, qui est un élément très important. Je donne immédiatement la parole au professeur Gephart.

TRANSITION ET CONSTITUTION DES SOCIETES DEMOCRATIQUES : REFLEXION AUTOUR D´UN COLLOQUE INTERNATIONAL ORGANISE A BONN (29 ET 30 AVRIL 2011)

WERNER GEPHART
Käte Hamburger Kolleg

Cette contribution cherche à résumer les résultats des recherches présentées lors du colloque international « Transition et constitution de sociétés démocratiques » (Bonn, les 29 et 30 avril 2011). Elle met l´accent notamment sur la problématique de la justice transitionnelle. Les révolutions tunisienne et égyptienne – en attendant celles qui suivront – sont confrontées à la complexité et la fragilité de leurs transitions démocratiques. La justice transitionnelle joue un rôle clé dans ces phases non seulement sur le plan normatif au sens juridique, mais aussi moral et politique. Ceci est une pré-condition indispensable pour la transition économique. Partant, le concept d´une culture de validité en transition est utilisé comme outil d´analyse pour comprendre et expliquer ces situations innovantes.

Quand on parle de la Tunisie à Bonn, où je viens d´organiser un colloque international la semaine passée, on ne peut pas s'empêcher de se rappeler le grand voyage de trois peintres à Tunis : Paul Klee, Louis Moilliet et August Macke. Ces peintres avaient déclaré avoir découvert, au cours de leur voyage en Tunisie, une chose surprenante qui a révolutionné la peinture de la modernité.

Ces derniers mois, nous avons fait la découverte d'une autre innovation dans ce petit pays du Maghreb, un esprit de la démocratie aussi bien spontané que déterminant. Le vent de la liberté, de la dignité et de la justice souffle désormais sur le monde arabe, même l'Iran ne sera peut-être pas épargné ainsi que des pays asiatiques, comme la Chine.

Liberté, dignité, justice ont été aussi, d'une certaine manière, le mot d'ordre du colloque que nous avons organisé à Bonn. Résumer un colloque n'est pas une tâche facile. Résumer un colloque au sein d'un autre l'est encore moins, surtout quand il s'agit de saisir « l'éternel dans le fugitif », le transitoire dans un monde mouvementé, pour paraphraser Baudelaire dans sa caractérisation de la modernité.

Le colloque « Transition towards Democratic Society: Law, Constitution and Culture » était centré sur trois grandes interrogations. Si des processus de transition impliquent des facteurs communs : pourquoi le monde arabe ne devrait-il pas profiter des expériences d'après-guerre en Allemagne, ou, encore plus récemment, après la chute du Mur de Berlin ; du miracle de l'Afrique du Sud et des changements en Amérique du Sud ; et pourquoi exclure les narratifs et les expériences faits en Inde, qui ont mené à une démocratie durable ?

Les processus révolutionnaires ont un aspect « situationnel », « effervescent », pour reprendre les termes de Durkheim. Comment donner, de surcroît - selon la perspective Wébérienne -, une « routine » à la période charismatique (la « Veralltäglichung des Charisma ») afin d'implanter un nouvel ordre normatif ?

Comment réussir, enfin, le passage d'une culture d'impunité et de mépris de la loi à une véritable « culture de droit » ?

Voici les questions les plus emblématiques de cette rencontre, qui a réuni des chercheurs venus du monde entier pour débattre et échanger. Pour éviter de comparer l'incomparable, nous avons essayé d'écouter et de comprendre quelques narratifs de transition, dont quelques-uns sont de véritables « *success stories* ».

Certes, nous ne sommes guère des « donneurs » de leçons et nous ne cherchons pas à enseigner la « morale » de ces histoires. Nous croyons, en revanche, dans la force des lumières et de la réflexion.

Parcourons rapidement le programme. Claus Leggewie insistait sur la nécessité d'insérer le sujet dans le contexte de la mondialisation. « Arabellion » était traitée comme la cinquième onde des fameuses vagues, décrites par Samuel Huntington, cité à plusieurs reprises, d'ailleurs, au cours de ce colloque. Abdelmajid Charfi dessinait, à la surprise des participants, le tableau de raisons structurelles de la révolution, profondément enracinées dans la longue durée, d'une part, et de raisons contingentes, d'autre part, mettant en valeur la situation spécifique de la Tunisie récente.

Pour Raja Sakrani et moi-même, le changement normatif et institutionnel était au centre des analyses, théorique et historique. Nous avons essayé de souligner les dilemmes d'une culture normative de transition, appelée à concilier les besoins normatifs et rituels avec les exigences institutionnelles, voire organisationnelles du système normatif lui-même.

Le constitutionnaliste Matthias Herdegen a bien pu ouvrir nos yeux sur la dualité des options de changements normatifs : soit la table rase, soit le changement graduel au sein des systèmes pré-existants. Autrement dit : soit le modèle du « papillon » qui sort de son cocon, soit du « serpent », qui se débarrasse de sa peau.

Faut-il apprendre des Allemands ? Une situation nouvelle après les horreurs commises au nom d'une nation supérieure. Ce qui est en tous les cas très clair, c'est que le succès du modèle de re-constitutionnalisation et de rééducation après 1945 en Allemagne avait beaucoup à faire avec les conditions extérieures de la défaite, mais aussi avec l'intention sage de vouloir éviter les fautes de Versailles... Uta Gerhardt, spécialiste reconnue de « l'heure zéro », expliquait surtout la priorité d'institutionnaliser l'État de droit dans la tradition trahie du « Reichstadt ».

Le grand théoricien du droit, Upendra Baxi, très familier avec la Constitution de l'Inde et de ses héros, nous a surpris avec un « obiter dictum » du « droit au rire ». Et c'est peut-être dans cette attitude du rire que nous pouvons nous former comme « penseurs de la transition » sans devenir des « transitologues ». Pourtant, sur le plan substantiel, il a insisté sur la souffrance, le martyrium afin de parvenir à une véritable Constitution vivante, et non à un édifice de lettres mortes.

Ce qui était essentiel pour l'Inde et pour le père de la Constitution, le Dr. Ambedkar, était sans doute la lutte contre la discrimination de race, de caste et de sexe. Ce qui devient, dans le processus de transition en Afrique du Sud, la naissance d'une sémantique de la réconciliation en tension permanente avec la recherche de la vérité (Antje du Bois-Pedain).

Cette recherche de la vérité resurgit en Espagne ces dernières années avec la découverte/redécouverte des crimes, des corps et des coupables plus d'un demi-siècle après la guerre civile en Espagne. Ainsi, la loi de 2006 qui garantit un droit à la mémoire personnelle met fin à un paradigme qui dominait le discours intellectuel en Europe, à partir de Maurice Halbwachs et le programme de recherche sur les lieux de mémoire autour de Pierre Nora (contribution de José M. Gonzalez Garcia).

Notre regard sur les expériences dans l'Est de l'Europe et de l'ancien empire russe a levé le voile sur un fait surprenant : l'effet pervers de Tchernobyl sur la demande de « glasnost », l'exigence de la transparence... La libération des gérontocraties et le changement lié à une défaite idéologique surgit - d'après Angelika Nußberger, professeur et juge à la Cour européenne des droits de l'Homme à Strasbourg - des barrières épistémologiques d'une comparaison simpliste avec tout ce qui se passe dans cette nouvelle vague de démocratisation dans le monde arabe.

Le metteur en scène Ali Samadi Ahadi, d'origine iranienne, a bien décrit dans son film « The Green Wave » comment les espérances d'une nouvelle génération ont été étouffées et massacrées en 2009. Ali Samadi sera notre prochain Artist in Residence au sein de notre Institut d'Études Avancées « Droit comme Culture » à Bonn. Ayant remporté plusieurs prix nationaux et internationaux, dernièrement le « Grimme-Preis » pour le meilleur documentaire, il va nous rejoindre pour documenter cette vague dont nous espérons qu'elle ne sera pas trop rouge.

Upendra Baxi nous a appris le droit au rire, si dangereux pour toute dictature, et Ali Samadi le droit aux armes, qui - à mon avis - sont indispensables dans un processus multidimensionnel de transition. Car si le droit, l'économie, la culture avancent dans un processus de rationalisation, comme disait Weber, le manque du lien social, de « assabiya », selon les termes d'Ibn Khaldoun, pourrait bien détruire tous les acquis d'une révolution comme celle - appelée dans l'histoire universelle révolution tunisienne -, entamée dans ce pays qui avait apporté déjà une fois la lumière à la modernité dans les toiles de Paul Klee, Louis Moilliet et August Macke.

MODERATEUR : JEAN-FRANÇOIS DAGUZAN
Directeur de la revue Maghreb-Machrek, Maître de recherche à la FRS

Merci, professeur, pour cette synthèse, toujours difficile, d'un colloque extrêmement riche. Je retiens le droit au rire qui peut être, aussi, le droit à la moquerie finalement. Peut-être la dictature se sent-elle menacée par la critique humoristique et c'est pour cela qu'elle a pour habitude de persécuter les auteurs. Et je crois que ce qui est tellement important dans les phénomènes de transition, c'est cette réappropriation de l'humour comme arme politique, merci de l'avoir rappelé. Je donne immédiatement la parole à M. Guy Hermet de l'Institut d'études politiques.

DES TRANSITIONS LATINES AUX REVOLUTIONS ARABES

GUY HERMET
Sciences Po-Paris

Les transitions « latines » de l'Amérique latine et de l'Espagne ont été conduites d'un commun accord entre l'opposition et la jeune génération des dirigeants de l'ancien régime autoritaire, sans intervention extérieure. En Espagne, qui a servi de modèle, ce sont même les anciens « autoritaires » qui ont dominé. Ces transitions se sont produites en outre sans mobilisation populaire, le dessein étant des deux côtés de l'éviter le plus possible. Enfin, l'objectif était plus de créer des démocraties viables que de renverser des tyrans, déjà morts ou prêts à partir si on leur laissait une porte de sortie. Tout l'inverse des révolutions arabes.

Les transitions démocratiques de l'Espagne et de l'Amérique latine (1975-1990) furent le produit d'une véritable « méthodologie » du changement politique, destinée à éviter tout dérapage populaire et à aboutir à une démocratie procédurale sans vainqueurs ni vaincus.

J'appelle « transitions latines » celles des pays de l'Europe méditerranéenne : en Espagne, la transition portugaise, qui fut d'ailleurs très différente des autres, celle de la Grèce ; et aussi toutes celles de l'Amérique latine. Je ne traiterai évidemment pas chaque pays. J'essaierai plutôt de comprendre quels étaient les états d'esprit des acteurs et de la masse des gens dans ces pays pendant le temps où s'est opéré le passage d'un régime autoritaire plus ou moins militaire en général à des régimes démocratiques.

Je ferai d'abord une excursion hors de ce domaine latin. Nous avons évoqué l'Inde précédemment et il y aurait encore bien d'autres exemples à évoquer. Mais disons par provocation que l'Inde est plus démocratique que la France. En 1958, la France a connu une sorte de coup d'État quasiment militaire qui a instauré la Vème République, puis elle a enregistré en 1961 une nouvelle tentative de putsch militaire qui a échoué aussitôt. Or l'Inde n'a connu que l'état de siège d'Indira Gandhi, et pas de putsch militaire. L'Inde a donc une trajectoire démocratique ininterrompue depuis 1947, une trajectoire plus régulière que celle de la France dans ce domaine. Pourquoi cette digression ? D'abord pour souligner que la démocratie peut s'enraciner là où on ne l'attend pas forcément, dans une société alors très pauvre. Deuxième raison de cette digression : l'exemple de l'Inde donne à réfléchir sur les facteurs favorables ou défavorables à la démocratie. On explique le succès démocratique indien par la tradition anglaise, le respect du droit, le refus relatif de la corruption, un certain esprit de tolérance. Or le Pakistan procède exactement de la même tradition, il a la même armée également. Alors pourquoi le Pakistan n'a-t-il pas comme l'Inde une trajectoire démocratique exemplaire ? C'est que la variable la plus importante est l'impossibilité de gouverner un pays aussi hétérogène que l'Inde si ce n'est avec un gouvernement démocratique et par conséquent pluraliste. Au contraire, le Pakistan souffre, de façon peut-être paradoxale, de son homogénéité culturelle et religieuse, même s'il présente une très grande diversité ethnique.

Revenons aux transitions latines, de l'Espagne d'après 1975 à l'Argentine, au Brésil et au Chili de 1983 à 1990. Leur trait distinctif était que la préoccupation primordiale des conducteurs du changement politique était la crainte de l'échec. Tous ces pays avaient déjà connu la démocratie. Elle n'était pas pour eux une nouveauté. Il y avait déjà eu des élections plus ou moins régulières, des gouvernements constitutionnels parlementaires ou présidentiels pendant des dizaines d'années. Mais ceux-ci avaient trop souvent échoué à cause des erreurs de ceux que Tocqueville a appelés les « amants excessifs de la démocratie ». C'est-à-dire des excès de dirigeants trop pressés, qui voulaient tout réformer trop vite, qui confondaient la démocratie et la révolution sociale et qui n'aboutissaient qu'à détruire le pays, à le ruiner, à faire en fin de compte redouter la démocratie. Je reviens au titre de mon exposé : « Des transitions latines aux révolutions arabes ». J'aurais mieux fait de dire : « aux soulèvements arabes ». Pourquoi ? Parce que nous pouvons nous demander si ce sont vraiment des révolutions et s'il est souhaitable que ce soient des révolutions. Car, sauf la révolution américaine, toutes les révolutions de l'histoire ont débouché sur la tyrannie ! On ne peut souhaiter cela à la Tunisie.

Mais j'en reviens encore une fois aux transitions latines. Leur élément commun était donc que tous ces pays avaient eu des expériences démocratiques antérieures mal conduites et désastreuses, qui faisaient qu'à un moment donné, l'armée s'estimait en droit et même en devoir de venir restaurer l'ordre, de reconstruire le pays, à la limite de réaménager les conditions requises pour une démocratisation durable. Ce qui s'est passé en Amérique latine est que les amants excessifs de la démocratie avaient trop souvent détruit l'État, détruit l'économie, abîmé les rapports sociaux, et découragé, en plus, les classes entrepreneuriales. Face à cela, les gens qui voyaient le tournant s'amorcer n'étaient en général ni pour ni contre les militaires. Passifs en majorité, ils se demandaient avant tout s'ils allaient enfin sortir du cycle fatal de l'alternance entre des démocraties ratées et des régimes militaires répressifs. Un régime démocratique qui en fait trop, qui détruit le pays, un régime militaire qui, au début, est souvent accueilli avec des applaudissements mais qui tombe rapidement dans le discrédit. Dans ces pays, les gens se taisaient, assistaient silencieusement au spectacle, pour la plupart attendaient sans beaucoup de foi le dénouement. Et il n'y avait guère que des professionnels de la démocratie pour la soutenir vraiment : l'opposition des *leaders* politiques en congé de pouvoir, des intellectuels et une minorité d'originaux. Les autres observaient ce qui allait se passer.

Il faut donc faire des distinctions quand un grand bouleversement se produit. La transition doit être mise en mots, et ces mots sont politiques. Mais le gros de la population vit d'un rêve économique même s'il se couvre du vocabulaire politique qu'on lui offre. Ce fut aussi le cas pour les transitions latines. Le talent des artisans des démocratisations latines fut donc de savoir faire patienter les gens, et d'éviter à tout prix de les exalter.

La Tunisie n'a pas connu ce cycle fatal démocratie/autoritarisme. Et s'il y a un spectre de l'échec, il ne se fonde pas sur des expériences passées. Les démocrates tunisiens travaillent aujourd'hui sans filet... Le risque principal est celui que Fareed Zakaria, ancien directeur de la revue américaine *Foreign Affairs*, appelle la « démocratie illibérale », c'est-à-dire une pseudo-démocratie autoritaire. Ou bien alors un autre risque est que l'armée intervienne un peu trop, y compris si elle a eu jusque-là une réputation d'apolitisme. Souvenons-nous de l'armée chilienne, réputée pour son apolitisme. C'était une armée disciplinée, obéissante au pouvoir civil. Juste avant le putsch militaire de septembre 1973, le président Allende avait nommé avec une pleine confiance le général Pinochet à la tête de l'armée. Ne nous fions par conséquent pas trop à l'armée, quelle qu'elle soit. Il y a en outre une autre hypothèse : le populisme, qui peut revêtir beaucoup de formes comme on le voit au Venezuela, qui fut pourtant longtemps la seule démocratie stable de l'Amérique latine pendant vingt ans. Cette période faste s'est terminée avec le très estimable président Chavez, dont on peut toutefois discuter le caractère démocratique. Le populisme pourrait revêtir un autre visage en Tunisie, peut-être un visage religieux.

Dernier élément de comparaison avec les transitions latines : la hantise de l'échec n'affectait pas dans leur cas que les dirigeants. Elle frappait aussi le peuple. Le peuple avait peur de lui-même, de sa passion irréaliste du toujours plus, qui avait autrefois asphyxié d'autres essais de démocratie. Contrairement à ce qui s'observe en Tunisie, l'enthousiasme ne se manifestait guère dans les transitions latines, les gens craignaient plutôt que l'avenir soit pire encore. Au total, c'est ce qui a facilité, ainsi que M. Daguzan l'a dit déjà, une espèce d'entente ou de connivence impure mais efficace entre les éléments modérés de l'ancien régime autoritaire et leurs homologues de l'opposition démocratique. En Espagne, par exemple, ce fut la jeune génération du parti unique, composé de technocrates ni démocratiques ni autoritaires, mais qui savaient pertinemment qu'il fallait absolument construire un régime démocratique, qui conduisit la transition en accord avec les démocrates réalistes. Il y eut un accord entre ces gens, qui se souvenaient des échecs de la Seconde République, qui avaient débouché sur une guerre civile. De même, en Amérique latine, la crainte du cycle fatal démocratie excessive/régime militaire abusif a rassemblé les dirigeants désireux d'éviter la répétition de ce danger et les a obligés à s'entendre. Ils ont conclu des pactes, entre des juntes militaires et des chefs de partis démocratiques en exil. Philippe Schmitter a qualifié plaisamment de « transitologie » cette méthode de démocratisation par des moyens non démocratiques. Tout a changé, cependant, depuis l'exaltation du devoir de mémoire, l'exigence de justice contre les ex-dictateurs, depuis aussi l'automne 1998 et l'assignation très symbolique à résidence du général Pinochet en Angleterre. La « transitologie » n'est sans doute plus applicable. La nouvelle idéologie des droits de l'Homme s'est substituée à l'option de la démocratisation par des moyens non démocratiques. Ce changement très moral pourrait toutefois occasionner certains déboires. Ainsi, dans un pays voisin de la Tunisie, sévit un tyran qui ne veut pas s'en aller parce qu'il sait probablement que s'il s'en va, ce sera pour aller en prison.

MODERATEUR : JEAN-FRANÇOIS DAGUZAN
Directeur de la revue Maghreb-Machrek, Maître de recherche à la FRS

Merci, M. Hermet, d'avoir rappelé que la fin n'est jamais écrite et qu'il faut être prudent sur l'avenir des transitions et également d'avoir rappelé que l'amour excessif de la démocratie peut avoir des effets négatifs, voire désastreux. Ce qui est important lorsqu'on reconstruit le modèle politique d'un pays, c'est de le ramener aux risques puisque rien n'est jamais vraiment acquis.

QUESTIONS DU PUBLIC

LA SALLE

Je voudrais poser une question à Mr. Belaid concernant le système de la corruption. En temps que juriste, quelles seraient les mesures à prendre pour que ce mal cesse sans attendre une nouvelle révolution ? Qu'est-ce que la commission apporte pour restituer ce qui revient de droit à l'État ?

LA SALLE

N'est-il pas temps, pour nous, de reconnaître nos forces pour corriger nos faiblesses ? Les deux interventions précédentes m'ont interpellée. Il y a le droit au rire ; mais il y a aussi le droit à la peur et la possibilité que ce droit à la peur soit exploité par les uns ou les autres. J'enchaîne avec la troisième remarque, le parallélisme entre l'Inde et le Pakistan est très fort et nous devons réfléchir. Nous devons nous positionner par rapport à cela en termes de lecture que nous devons faire des expériences pour la démocratie dans des pays musulmans. Qu'en est-il de l'enjeu pour nous aujourd'hui compte tenu de ce droit à la peur ?

MODERATEUR JEAN-FRANÇOIS DAGUZAN

Il me vient à l'esprit une maxime du maître de sabre japonais du XVIème siècle Myamoto Musashi dans son traité de stratégie, *Le livre des cinq anneaux* : « Priez les bouddhas et ne comptez que sur vos propres forces ».

LA SALLE

Concernant les nombreux brevets de recherche qui ne sont pas exploités, je me demande si notre objectif est la recherche ou bien son application, compte tenu des problèmes liés au marché, à la concurrence mondiale, aux matières premières et à la question du partenariat. Ma deuxième question concerne l'éducation. S'agit-il de réformer l'éducation alors que le niveau de nos diplômés n'est pas reconnu ? Troisième question concernant la démocratie : n'est-il pas nécessaire d'étudier et d'examiner les inconvénients et les risques de la démocratie ?

LA SALLE

Je voudrais poser une question à M. Belaid concernant la réforme qui touche à l'ensemble de l'éducation après la révolution. A l'instar de ce qui s'est passé au Sud-Est asiatique, qui a émergé grâce à une profonde réforme de l'enseignement supérieur et sa liaison universitaire avec le marché du travail pour créer des emplois et lutter contre le chômage massif, ne pensez-vous pas qu'il y a d'autres conditions dans la transition économique, à savoir l'aboutissement d'un nouveau modèle économique qui articule les objectifs fondamentaux en termes économiques et sociaux avec les besoins et les revendications qui ont été formulés par la révolution ? Ne pensez-vous pas que pour les prochaines années, la mise en œuvre d'un tel modèle de développement économique doit prendre en considération la nécessité d'une croissance économique forte sans laquelle on ne peut pas réaliser les objectifs économiques revendiqués par les jeunes et les masses qui se sont révoltés ?

LA SALLE

Je voudrais un complément d'information concernant l'inadéquation et l'impossibilité d'application de la transition latine au contexte et aux soulèvements arabes. Je voudrais savoir si le modèle de transitions latines qui était fondé sur une négociation entre les élus politiques d'une opposition affaiblie et les élites politiques qui étaient au pouvoir ne peut s'appliquer dans les pays arabes, compte tenu du contexte international concernant les droits de l'Homme et la démocratie ?

GUY HERMET

Concernant les conditions nécessaires aux démocratisations latines, je reconnais penser que la maîtrise des masses est ici un grand problème. L'enthousiasme et les exigences de ces masses sont un écueil. Concernant le droit à la peur, c'est aussi la peur de l'échec. Concernant la troisième condition, il n'y a pas, effectivement, nécessairement un homme charismatique, comme par exemple au Brésil. Pour répondre à la deuxième question : les transitions latines sont parties de l'intérieur, or les vôtres ont été alimentées par l'extérieur, car le public international a accéléré le processus et facilité la contagion. Il y a donc des éléments qui peuvent servir, mais pas un schéma tout fait. La communauté internationale pousse vers la démocratie, mais la démocratie est devenue essentiellement vide de contenu interne, on parle beaucoup de gouvernance démocratique alors que la gouvernance, c'est l'après démocratique, lorsque le peuple a perdu sa souveraineté et que tout se fait par cooptation et négociation. Donc autant la démocratie s'est affaiblie en son centre, autant elle a perdu en substance, autant elle s'est agrandie en extension dans le monde, simplement comme facteur d'organisation, comme lubrifiant du fonctionnement international.

WERNER GEPHART

Ce qui est intéressant, c'est de voir que ces révolutions sont une rupture avec le culturalisme, disant qu'il ne pouvait y avoir de démocratie dans les pays arabes et que le fondement de celle-ci, c'est la dignité. Je pense que cela aura beaucoup d'importance pour la définition de la démocratie dans la sixième vague. Mon impression est que toutes les comparaisons qu'on peut faire des situations est que vous allez vers une singularité dans ce que nous sommes en train d'observer dans le monde arabe.

En tirant l'expérience de ma vie professionnelle, je dirais qu'il y a eu une convergence entre l'instauration de la corruption et le déclin des aspects normatifs et institutionnels de notre pays. Il faut donc penser à introduire dans le système politique et normatif la lutte contre la corruption. Il y a une quinzaine d'années, j'ai été membre du Comité national des droits de l'Homme et des libertés publiques. Lorsque j'ai proposé, pour l'ordre du jour de ce comité, la lutte contre la corruption, après un applaudissement de rigueur, les membres du Comité de lutte contre la corruption furent démis de leurs fonctions. Il faut donc en parler même dans les pays développés. J'avais donc proposé que dans la Constitution tunisienne, de manière normative, apparaissent le principe de la transparence et la mise en place d'institutions pour cela. L'essentiel est que maintenant des intellectuels vont avoir une marge de manœuvre et doivent l'utiliser de façon utile pour la réforme du pays. Concernant les brevets et la recherche, nous avons une législation pour cela mais la bureaucratie ne la favorise pas et le modèle de développement, la dimension des entreprises ne se prêtent pas à l'appel à l'innovation, à la recherche. Il faut donc un nouveau modèle économique qui fasse de la recherche un pôle central.

SIXIEME SESSION

TRANSITION ECONOMIQUE (TUNISIE, AMERIQUE LATINE ET BULGARIE)

MODERATEUR : PIERRE BECKOUCHE
Directeur du CIST

Je remercie Mohamed Haddar et Jean-Yves Moisseron de m'avoir proposé d'être modérateur de cette dernière session sur la transition économique et politique. Nous avons trois grands sujets : les IDE, les lendemains de dictatures et les politiques de lutte contre la pauvreté et, pour finir, l'agriculture. Je vais donner tout de suite la parole au premier intervenant, Ridha Gouia, secrétaire général de l'ASECTU, sur l'importance des investissements directs étrangers. Nous avons beaucoup parlé des rapports avec l'Union européenne et beaucoup parlé de subventions, de prêt concessionnaire et il y a un deuxième versant sur lequel nous reviendrons après le déjeuner, qui est le versant de la coopération économique à travers les entreprises. C'est donc tout à fait important de savoir ce qui se passe du côté des investissements directs étrangers, d'autant que Sadok Belaid a parlé tout à l'heure de la dégradation des balances commerciales du Sud de la Méditerranée. Ce qui veut dire que la question de la modernisation de l'économie productive et du partenariat productif que l'Europe et le Sud de la Méditerranée peuvent développer est tout à fait importante. Les investisseurs du Nord veulent la sécurisation des investissements mais je pense que ce que Ridha va présenter est une analyse de l'impact des IDE en se posant la question de savoir quel est l'effet d'entraînement réel des investissements directs étrangers.

QUEL ROLE DOIT JOUER L'INVESTISSEMENT ETRANGER DANS LE DEVELOPPEMENT EN TUNISIE ?

RIDHA GOUIA
Université El-Manar

L'auteur tentera de répondre à certaines questions : Quels rôles ont joué les investisseurs étrangers dans le développement régional en Tunisie ? Quelle corrélation entre les avantages accordés par le code des investissements et la réalité ? Peut-on concevoir un autre rôle des IDE dans le pays ? Emploi et investissement sans satisfaction de la consommation locale ? Le changement actuel des déterminants des IDE dans le monde correspond-il aux exigences de la Tunisie actuelle ? Avons-nous besoin d'un nouveau code d'investissement ?

La question qui se pose est : quelles leçons pouvons-nous tirer de l'expérience de transition des pays de l'Est (PECO) afin de voir le futur ou l'avenir de la Tunisie en matière d'IDE ? Nous aurons donc trois parties, une introduction dans laquelle je définirai les concepts, deuxièmement nous allons voir quelles leçons nous pouvons tirer des expériences des PECO, enfin nous examinerons le passé de la Tunisie pour étudier les perspectives en matière d'IDE pour ce pays.

Il est vrai, comme vous l'avez remarqué toute la journée d'hier, que se superposent démocratisation, transition démocratique, libéralisation politique, etc. Ce sont des concepts qui sont difficiles à cerner, qui sont difficiles à interpréter ; cela est dû au fait qu'il n'y a pas suffisamment de cadre et de références théoriques qui nous permettent de bien décrypter les processus qui existent actuellement, que ce soit dans les pays de l'Est, qui ont deux décennies d'expérience de transition, ainsi que pour la Tunisie qui espère que ce processus débouchera sur une réussite pour notre pays. Il convient donc d'observer les similitudes et les différences entre les situations des pays de l'Est et la Tunisie.

Entre les PECO et en Tunisie, il y a des ressemblances : le parti unique et l'état de corruption dans nos économies. Un autre élément concerne le déséquilibre régional, et la répartition inégalitaire des revenus, d'où une pauvreté dominante dans les PECO et la Tunisie, ce qui est à l'origine de la révolution, de mon point de vue. Cette révolution était éminemment économique dès le départ, ce sont ces revendications qui ont déclenché la révolte et non pas les changements de structures politiques, comme cela a été soutenu par notre doyen. Un autre facteur, c'est la faiblesse des investissements tant étrangers que nationaux. Cela est dû au fait que, comme pour les PECO, il y avait un environnement de méfiance ; or, comme vous le savez, les investissements ne peuvent se développer que dans un environnement favorable et de confiance. Les structures économiques étaient désarticulées, parce que l'infrastructure était obsolète aussi bien en Europe de l'Est que dans notre pays. La transition ne fait que démarrer chez nous. Or les PECO ont commencé cette transition à la fin des années 1980, mais la Tunisie aspire tardivement à une démocratisation de la vie tant économique que politique, bien que nous soyons en train de réfléchir beaucoup plus sur le politique que sur l'économique. Deuxième élément, la transition économique dans les pays d'Europe de l'Est a pris essentiellement une forme de privatisation des moyens de production alors qu'en Tunisie, elle est synonyme de libéralisation et de la transformation des règles et mécanismes de fonctionnement des structures économiques. N'oublions pas que dans le passé, près d'un tiers des structures de l'économie productive était détenu par une bande de mafieux proches du président. Les IDE ont joué un rôle moteur dans la restructuration des économies des PECO après la révolution, c'est-à-dire au moment de la transition. Quelle leçon peut-on tirer des expériences de ces pays ? Les IDE ont-ils joué un rôle dans le développement régional durant la dernière décennie ? Ainsi que dans l'intégration des structures ou bien dans l'économie du pays ? Ma dernière question : les incitations financières et fiscales en faveur des IDE constituent-elles un déterminant suffisant pour l'attractivité des IDE ? Et enfin, la consommation nationale, sur laquelle nous pouvons agir puisque cela pose la question de la répartition des revenus, est-elle un facteur puissant pour l'attractivité des IDE ? Que peut-on tirer de l'expérience des PECO ?

Nous avons vu que les investissements ont suscité beaucoup de débats puisqu'ils ont joué un rôle assez important dans la structuration et dans le développement des économies, évidemment plus en matière macro-économique que micro-économique. Hier nous avons évoqué le fait que les ressources nationales étaient insuffisantes et que nous avons beaucoup compté sur le soutien des investissements étrangers et le soutien des firmes européennes. Elles se sont manifestées sous forme d'IDE au début de la transition, puis par la suite après l'assainissement des économies de quelques pays. Pour vous donner un ordre de grandeur, les IDE ont été multipliés dans les PECO après la chute du Mur de Berlin. Ils se sont concentrés dans trois pays principalement, la Tchécoslovaquie, la Hongrie et la Pologne, qui ont attiré 80 % des IDE vers les PECO. Nous observons que jusqu'en 1988, les IDE étaient stables et ont augmenté par la suite. Cette transition à court terme conduit à une polarisation des flux d'IDE sur quelques secteurs. Principalement vers les secteurs industriels comme l'automobile, avec des phénomènes de fusion-acquisition évidemment destinés essentiellement au marché national et local. La transition à court terme s'est caractérisée par la multiplication de *joint-ventures*, c'est le mode d'investissement privilégié au début par les investisseurs étrangers qui avaient peur de la conjoncture. Sur le long terme, les investissements s'orientent vers une intégration en amont et en aval de ce qui assure dans ces économies un changement remarquable du rôle des investissements dans ces pays. Premièrement, les services, qui étaient au second plan, sont devenus plus importants et ont capté 54 % des flux. Le second facteur est la concentration régionale, comme nous l'avons précisé dans les précédentes sessions. La proximité avec l'Europe a favorisé les investissements étrangers avec une concentration des investissements dans les pays limitrophes de l'Europe. La moitié des entrées dans la République tchécoslovaque, et les deux tiers en Hongrie et en Slovénie. Les IDE sont donc un vecteur puissant de l'approfondissement des disparités régionales. Leurs effets bénéfiques se traduisent par le développement d'un tissu industriel et d'une culture. La privatisation était aussi un facteur d'attraction des IDE, ce qui n'est pas le cas pour la Tunisie, qui a servi essentiellement les intérêts d'une classe politique mafieuse. Mais nous devons préciser que fonder une stratégie d'attractivité sur la faiblesse des coûts salariaux ou de la fiscalité attractive pourrait s'avérer insuffisant. La Tunisie a beaucoup compté sur les IDE depuis les années 1970 pour le développement de son économie. Effectivement, sur un tissu industriel de 11 000 entreprises, 1 500 sont concernées par les IDE. Sur le plan sectoriel, le secteur de l'énergie accapare une grande partie des IDE, mais cela concerne surtout des gros projets depuis 2005. D'autre part, le partenariat avec ce que j'appelle notre classe politique mafieuse est passé de cinq partenariats en 2006 à 73 en 2010. La méfiance des investisseurs les amène plutôt vers des partenariats de type co-entreprise. Les secteurs concernés qui intéressent les petites et les moyennes entreprises sont surtout le bâtiment, les télécommunications, la restauration et le tourisme. Car ce sont des secteurs où il n'y a pas beaucoup de risques dans le pays. On observe des IDE en provenance du littoral méditerranéen de la rive Nord, de France, d'Italie et d'Espagne. Ce sont de grands projets plutôt capitalistiques qui ont eu un impact sur l'économie en termes d'emploi et d'exportation sauf dans les régions internes de la Tunisie. Pour conclure, la transition favorise l'assainissement des économies parce qu'elle favorise la confiance, une meilleure répartition des revenus et, comme dans les PECO, une augmentation de la consommation et peut-être un afflux d'IDE. Si l'industrie attire des IDE, à court terme le commerce se développe ainsi que les revenus et la consommation intérieure. Ajoutons pour finir le rôle que joue la diaspora dans ce processus : ces transferts des résidants étrangers représentent, en Tunisie, 5 % du PIB en 2009.

MODERATEUR : PIERRE BECKOUCHE
Directeur du CIST

Nous aurons l'occasion plus tard de revenir sur cette question des relations avec les investisseurs. Je retiens de ces investissements des entreprises européennes dans les PECO l'importance d'une relation de confiance qui a pu s'établir et qui a changé progressivement de type d'investissement. Or nous n'en sommes pas là dans le Sud de la Méditerranée. Merci, M. Gouia, je passe la parole à Pierre Salama, qui va nous parler de la notion de pauvreté mais qui va d'abord présenter une réflexion sur les lendemains de dictature et. la maturité que doivent acquérir les jeunes démocraties.

LES TRANSFERTS MONETAIRES SONT-ILS NECESSAIRES, SONT-ILS SUFFISANTS POUR DIMINUER LA PAUVRETE ?

PIERRE SALAMA
Université Paris XIII

Les transferts monétaires, quels que soient leurs formes : bourse, famille, assistance aux handicapés, versement de pensions à des agriculteurs pauvres, ont privilégié les zones rurales. Pour autant la pauvreté n'a pas diminué à un rythme supérieur à celui observé dans les zones urbaines. La pauvreté ne peut être durablement diminuée sans un bouleversement dans le fonctionnement du marché du travail.

Tout d'abord, je voudrais adresser mes remerciements à Mohamed Haddar, Jean-Yves Moisseron et Jean-François Daguzan et tous ceux que j'ai pu avoir comme étudiants et que je revois ici avec plaisir. Je vais un petit peu arabiser mon exposé sur les bons conseils de Mohamed Haddar. Comme certains d'entre vous le savent, je suis d'origine égyptienne, mais ce que vous ignorez probablement, c'est que par les hasards de l'histoire, j'ai été tunisien pendant quelque temps, mes parents, ou grands-parents, ayant peut-être bénéficié des Capitulations. Français naturalisé aujourd'hui, c'est peut-être ce « sang mêlé » qui probablement m'aide à tirer quelques leçons économiques, politiques et sociales des comparaisons internationales, des parcours traversés par de nombreux pays.

En tant que latino-américaniste, je rappellerai qu'il y a eu énormément de dictatures, en Amérique latine, extrêmement sévères. Elles avaient une caractéristique commune, celle de prévenir des révolutions dans les années 1960 et 1970. Le contexte de l'époque, la domination des États-Unis, et surtout le rôle joué par Cuba, la coexistence pacifique avec l'URSS, sont à prendre en considération si on veut comprendre l'avènement de ces dictatures en Amérique latine, chasse gardée des États-Unis. C'est un point important à souligner car le monde d'aujourd'hui n'est pas exactement le même, c'est le moins qu'on puisse dire. Mais si le contexte est différent de celui d'aujourd'hui, plusieurs leçons peuvent être tirées. L'Histoire ne se répète pas à l'identique, mais on peut apprendre d'elle. Ces dictatures ont été, en Argentine et en Uruguay, particulièrement féroces. Elles ont imprimé les mémoires collectives jusqu'à aujourd'hui. Puis il y eut l'avènement des démocraties au début des années 1980. La venue de la démocratie a coïncidé avec l'apparition du problème de la dette externe. Dit autrement, les jeunes démocraties fragiles ont eu à traiter un problème grave généré par les politiques économiques des différentes dictatures. En termes clairs, la démocratie s'est accompagnée d'une crise économique grave avec des conséquences sociales catastrophiques, d'une forte montée de la pauvreté, des inégalités croissantes à cause, entre autres, de l'héritage économique des dictatures et des modes de traitement de la dette imposés par les organisations internationales. C'est d'abord une grande et bonne surprise que les démocraties se soient maintenues malgré une situation économique et sociale aggravée et que, dix ans plus tard, elles commencent à être un peu moins inégales. Ce n'est que récemment que nous pouvons constater une consolidation de la démocratie dans laquelle la citoyenneté sociale se rapproche de la citoyenneté politique. Nous allons donc, dans un premier temps, faire un bilan de ce qu'ont été les lendemains des dictatures. Dans un second temps, nous considérerons, vingt-cinq ans après, ce que nous avons appelé en Amérique latine la décennie perdue, c'est-à-dire les dix premières années assez atroces du début de la démocratie dans la plupart des pays latino-américains. Après cette décennie perdue, est-ce que nous passons d'une démocratie maintenue à une démocratie consolidée ?

Ma première partie concerne les lendemains de dictature. Le contexte international est totalement différent d'hier. Nous pouvons tirer des enseignements des expériences d'Amérique latine mais nous ne pouvons pas calquer ces expériences sur le cas tunisien. A l'époque, nous étions dans ce que nous appelions la phase noire de Nixon, c'est-à-dire des coups d'État perpétrés notamment par ou avec l'aide des États-Unis. Et cela ne concerne pas seulement le Chili mais aussi plusieurs pays d'Amérique latine. Le second point, c'est qu'aujourd'hui l'Union soviétique n'existe plus. Cuba est boiteux, les mécanismes de globalisation, y compris Internet, changent énormément de choses, notamment dans les comportements, dans l'accès à la connaissance. On théorisait sur le trop d'État, ce que nous appelions le capitalisme d'État y compris en Algérie et dans les pays du Maghreb. Il y avait des analyses théoriques de la part des économistes (Marini par exemple, dont je partageais en partie les analyses) qui consistaient à dire que la particularité des pays dits sous-développés mais industrialisés était de ne pouvoir exploiter la force de travail qu'à partir de mécanismes s'apparentant à la plus-value absolue alors que dans les pays européens l'exploitation se faisait à partir de la plus-value relative. La conclusion politique était immédiate : dans un cas les modes d'extraction de la plus-value passaient par de la violence ouverte, dans l'autre par de la violence feutrée, laissant place à de la démocratie. C'est cette analyse qui expliquait pourquoi dans un cas, celui des pays dits sous-développés mais industrialisés, nous avions affaire à des régimes autoritaires contre lesquels il fallait lutter, et dans l'autre à des démocraties. C'est ce qui a légitimé le développement de mouvements révolutionnaires qui seront très fortement réprimés avec l'avènement des dictatures. Des générations entières de militants ont disparu ; notamment en Argentine. C'est à partir de là que le passage à la démocratie a été négocié, mais pas partout. En Argentine, la défaite militaire, la guerre des Malouines contre la Grande-Bretagne, guerre décidée surtout pour faire oublier les misères du peuple et l'incurie de la dictature. La défaite a donné naissance à l'avènement de la démocratie au début des années 1980. Dans d'autres pays, l'avènement a été négocié avec les dictatures contre le « grand pardon », comme ce fut le cas au Brésil. Ce ne sont pas ces mouvements sociaux qui ont permis la venue de la démocratie. Ils ont permis le maintien de la démocratie. Les jeunes démocraties ont hérité des désastres de la dictature. Notamment l'hyper-inflation, l'accroissement de la pauvreté, les inégalités croissantes et une décennie perdue. Les démocraties ont eu à gérer tout cela, à travers les mouvements sociaux qui sont apparus à ce moment-là pour lutter contre le paiement de la dette. Je pense à ceux dirigés par l'ancien ministre Furtado, réfugié politique en France, puis revenu au terme de son bannissement dans son pays, redevenu ministre, qui disait Nao ! (non) au paiement de la dette, et je crois que c'est ça qui a permis effectivement, par les discussions que cela a provoqué, les mobilisations massives et le maintien de la démocratie. Les mouvements sociaux et les conflits peuvent maintenir la démocratie. Et c'est donc une leçon très importante. Les années passant, les années 1990 ultra-libérales dans certains pays, libérales dans d'autres, vont conduire à ce que les sociologues appellent une désaffiliation, c'est-à-dire le développement de la précarisation, de la flexibilité et de l'informalité déjà élevées. Malgré tout ça s'est développée une conscientisation pour maintenir la démocratie alors même que la situation économique n'était pas nécessairement extrêmement bonne. Nous pouvons donc tirer quelques leçons de ces expériences en Amérique latine et, notamment, le paiement de la dette. Je suis à ce propos en opposition avec ce qui a été dit précédemment par un autre intervenant, à savoir que le Brésil s'en sortait alors que l'Argentine s'effondrait depuis qu'elle avait refusé de payer la moitié de sa dette. C'est faux! Tous les chiffres montrent que la croissance la plus élevée de tous les pays latino-américains, depuis 2003, est celle de l'Argentine. Il y a une relation entre ce que pouvait provoquer la dette et le traitement de la dette en la payant en termes d'hyper-inflation et de pauvreté. On peut donc en déduire qu'en refusant de payer une partie de la dette, le résultat ne correspond pas au désastre annoncé par certains mais conduit à une croissance accrue. Il y a donc d'autres chemins, méfiez-vous de ceux qui, ne connaissant guère l'économie, la font parler….

La deuxième partie de mon exposé pose la question : « vingt-cinq ans après cette décennie perdue que se passe-t-il ? ». Je reviendrai sur le legs de la gestion de la dette dans les années 1980. Il y a une distinction à faire entre d'un côté la citoyenneté politique qui est propre à la démocratie et qui est le fait que les prisons ne sont plus remplies par des opposants politiques mais par des voleurs et des assassins, et d'un autre côté une citoyenneté sociale qui était parfois pire qu'avant, y compris du temps de la dictature, et qui se mesure à l'aune de l'évolution des inégalités, de l'insatisfaction de toute une série de besoins de base. Cette distinction entre citoyenneté sociale et citoyenneté politique est fondamentale. Ce n'est pas celle entre démocratie formelle et démocratie réelle que connaissent les marxistes, parce que certains d'entre eux, qui étaient au pouvoir, ont considéré qu'ils pouvaient ignorer la démocratie formelle, que la dictature du prolétariat était la démocratie réelle. En réalité, il s'agissait bel et bien de dictature. On ne peut pas penser à la citoyenneté sociale sans penser à la citoyenneté politique. Les deux doivent se concevoir en même temps, dans une approche dialectique. La citoyenneté politique peut être atteinte avec l'avènement de la démocratie, la citoyenneté sociale peut bien au contraire diminuer dans le même temps. A terme, cette évolution négative est de nature à fragiliser la démocratie et donc la citoyenneté politique. Une citoyenneté politique appelle une citoyenneté sociale. En l'absence de citoyenneté politique, c'est-à-dire en dictature, on peut dans certains cas connaître une augmentation de la citoyenneté sociale, mais très vite celle-ci est ressentie comme insuffisante et appelle une plus grande citoyenneté politique. Une dictature peut être efficace du point de vue économique, comme cela a été constaté dans plusieurs pays asiatiques, dans quelques pays latino-américains, comme le Brésil, mais pas l'Argentine, comme la Tunisie, enfin, avec Ben Ali malgré ses très fortes dérives corruptrices. Mais des succès économiques, s'ils peuvent fournir une certaine légitimité à court et moyen termes à ce type de dictature, ne donnent pas de légitimité à long terme, comme on a pu le voir dans de très nombreux exemples, ainsi en Corée du Sud, au Brésil et… en Tunisie. Il y a eu une diminution de la pauvreté pendant la dictature au Brésil avec un accroissement des inégalités, ce qui n'était pas le cas de l'Argentine. Ce qui s'est passé globalement, c'est que la gestion de la dette pendant les dix premières années de la période démocratique a connu une baisse de ce qu'on appelle la citoyenneté sociale. Le problème est donc comment réduire la fracture qui s'agrandit entre les deux types de citoyenneté. Observons ce qui s'est passé depuis les années 2000. Nous sommes à un tournant, le contexte international est différent. Contrairement à ce qui se passe dans les pays développés, on observe dans les pays latino-américains une diminution des inégalités, une diminution de la pauvreté malgré la crise de 2009. Ceci prend à contre-pied tout ce qui se passe dans les pays capitalistes développés. C'est donc une leçon importante à tirer de ce tournant. La Tunisie est-elle capable de bien négocier un virage vers davantage de citoyenneté sociale qu'auparavant ? A-t-elle la capacité de résister au rouleau compresseur, si j'ose dire ? Peut-on réduire la pauvreté et les inégalités par des politiques de transfert de revenus, d'assistanat ? Chaque pays a, plus ou moins, son propre programme d'assistance aux plus pauvres qui est soutenu par la Banque mondiale. La réponse est claire : il faut donc donner de l'argent aux plus pauvres, c'est le minimum de solidarité, pour des gens qui ont des problèmes de stricte reproduction physique. Mon propos est de dire que c'est nécessaire, mais que ce n'est pas la panacée. Toutes les études montrent que les politiques d'assistanat, ou *cash transfert*, diminuent très peu la pauvreté mais diminuent ce que nous appelons la profondeur de la pauvreté. Ce que ces études montrent aussi, c'est que ce qui diminue véritablement la pauvreté dans ces pays, c'est la croissance retrouvée, notamment à cause du boum de matières premières, mais aussi l'augmentation des dépenses sociales et l'augmentation importante du salaire minimum, comme on a pu le voir au Brésil, en Argentine et pour partie au Mexique depuis six à sept ans. Ce sont donc les salaires minimum et la croissance alimentée par l'essor du marché intérieur qui vont permettre la création d'emplois et, par là même, la diminution de la pauvreté. L'assistanat est nécessaire et ne coûte pas cher, environ ½ % du PIB, alors que le service de la dette interne et externe, service qui permet très souvent l'enrichissement des plus riches, correspond à 6-7 % de ce PIB, soit une différence gigantesque entre les deux. Ces politiques ne coûtent pas cher, elles correspondent à un minimum de solidarité mais elles ne résolvent pas le problème de la pauvreté sur le fond. Je crois fondamentalement que ce n'est pas une panacée. Le rattrapage de la citoyenneté sociale passe par la dignité, or la dignité passe par le travail, par conséquent il faut jouer la carte du droit au travail. Il faut mettre en place des politiques économiques, des régimes de développement qui permettent cette intégration, qui ne conduisent pas à l'exclusion et qui permettent de créer des emplois à différents niveaux de qualification. L'aide de type « bourse famille » n'est pas suffisante, sinon vous risquez de favoriser une société de « mendiants », c'est-à-dire des gens qui attendent une « rente ». Mieux vaut le travail.

Vous savez ce que signifie mon nom Salama : la paix, si je ne me trompe… On m'a appris très jeune que « si tu veux faire la paix, il faut te préparer à la guerre ». La démocratie est un combat.

MODERATEUR : PIERRE BECKOUCHE
Directeur du CIST

La leçon principale que je retiens, c'est « Méfiez-vous des économistes ». L'autre idée importante est que les conflits sociaux sont inhérents à cette phase de transition et qu'il faut penser à la fois les compromis et les conflits. Vous avez insisté beaucoup sur cette notion de citoyenneté sociale en disant qu'elle doit être couplée à la citoyenneté politique tout en sachant qu'il va y avoir des effets sur l'amélioration des conditions sociales différées par exemple en raison de la dette des jeunes démocraties latino-américaines. Et nous reviendrons cet après-midi sur les questions de la pauvreté, du droit au travail et des liens avec la croissance. Je passe maintenant la parole à Petia Koleva, qui est maître de conférences à Paris VII et qui co-anime avec Jean-Yves Moisseron l'axe « Conflit et compromis » du Collège international des sciences du territoire. Elle va reprendre les discussions d'hier de Vassil Garnizov sur la Bulgarie en insistant particulièrement sur la question agricole.

Transformations economiques et integration europeenne : le cas de la Bulgarie

Petia Koleva
Université Paris VII, LADYSS

La chute du régime communiste en novembre 1989 a marqué le début de la transition démocratique en Bulgarie accompagnée de réformes économiques et institutionnelles de grande ampleur. La communication présente les grandes phases de ces transformations au cours des vingt dernières années en distinguant deux périodes. La première, relativement chaotique, se caractérise par une forte instabilité politique et des réformes économiques et financières décevantes, culminant dans une crise profonde en 1996-1997. La seconde est marquée par la volonté de rompre les effets de dépendance du sentier suivi à travers des changements drastiques (programmes multiples de privatisation, instauration d'un currency board*) et la construction d'un consensus politique autour de l'intégration européenne devenue un fait en 2007. Nous essaierons de dresser un bilan provisoire des transformations en nous intéressant plus particulièrement au cas de l'agriculture.*

Introduction

L'objectif de cette communication est de compléter les analyses macro-économiques de la transition post-socialiste présentées lors du colloque par un zoom sur le niveau méso-économique à travers l'étude des réformes au niveau d'un secteur, celui de l'agriculture. Plusieurs raisons justifient cet intérêt. D'une part, même si les pays est-européens et nord-africains ont connu un essor important du secteur des services au cours des vingt dernières années, l'agriculture reste pour certains d'entre eux une activité économique non négligeable. Par exemple, en Tunisie, l'agriculture contribue actuellement à hauteur de 12 % dans le PIB et emploie 16 % de la main-d'œuvre active totale. En Bulgarie, au début de la transition économique (1990), la part du secteur dans le PIB et dans l'emploi total était respectivement de 11 % et de 18 % (atteignant même un pic de 26 % en 1999). D'autre part, l'agriculture est devenue dans ces pays un élément incontournable des stratégies de développement régional dans la mesure où la valorisation des ressources naturelles, des connaissances et du patrimoine local ne peut se faire sans la participation des acteurs locaux, dont les fermiers et les salariés agricoles.

L'exemple bulgare de réformes agraires du début de la transition est intéressant car il soulève la question de l'interaction entre continuités et ruptures dans le changement institutionnel et dans l'émergence d'une trajectoire sectorielle et organisationnelle originale. A l'heure où les pays arabes interrogent leurs « modèles économiques » à la lumière notamment d'expériences réussies en Europe de l'Est, l'exemple bulgare conduit à s'interroger sur les chances de succès d'une stratégie visant non pas à adapter des modèles ayant fait leurs preuves ailleurs mais à s'inspirer de structures indigènes qui ont démontré leur viabilité dans un passé plus ou moins lointain.

Cette communication comporte trois parties. Dans un premier temps, nous rappellerons brièvement les formes organisationnelles de l'agriculture bulgare avant et pendant l'époque socialiste. Ensuite, nous présenterons les stratégies de transformation du secteur adoptées par les différents gouvernements des années 1990 et visant tantôt à renouer avec les structures agricoles pré- socialistes, en effaçant ainsi l'héritage des fermes coopératives, tantôt à conserver ces dernières sous de nouvelles formes. Dans une troisième partie, nous mettrons en exergue les résultats de cette trajectoire chaotique de réformes.

Héritage organisationnel de l'agriculture bulgare

Avant la Seconde Guerre mondiale, la Bulgarie était un pays agricole. Les exploitations agricoles qui fournissaient un emploi à plus de deux tiers de la population active étaient morcelées (d'une superficie moyenne inférieure à 5 ha par propriété), faiblement spécialisées et mécanisées, et tournées vers l'auto-consommation. En 1930, la proportion des exploitations de grande taille (au-dessus de 50 hectares) dans ce pays n'était que de 1,6 % contre 21 % en Tchécoslovaquie, 32 % en Roumanie, 47 % en Pologne et 51 % en Hongrie (Lampe, 1986). Après la prise du pouvoir par les communistes en 1947, toutes les exploitations ont été nationalisées et organisées selon le modèle soviétique de fermes collectives (kolkhoze) et de fermes d'État fortement intégrées. Dans les années 1980, la superficie moyenne des premières atteignait 4 000 ha alors que les secondes regroupaient en moyenne 2 100 ha.

En entrant dans une coopérative, les membres fournissaient terrains, machines et bétail, et demeuraient officiellement propriétaires de leurs avoirs. Cependant, ils ne pouvaient reprendre leurs terres ni recevoir de fermage. Les représentants locaux du Parti communiste nommaient les directeurs des coopératives. En outre, la gestion de ces dernières était entièrement soumise aux directives du plan émanant des autorités centrales. Quant aux fermes d'État, leur équipe d'encadrement était nommée par les autorités centrales. Les employés des fermes d'État recevaient un salaire du budget de l'État, comme les employés de l'industrie, et bénéficiaient des mêmes avantages en termes de sécurité sociale. Leur activité était également soumise aux impératifs du Plan. Les membres des coopératives et les employés des fermes d'État étaient autorisés à cultiver jusqu'à 0,5 ha pour leurs besoins personnels. Les surplus étaient vendus, ce qui procurait un supplément de revenus monétaires à la population rurale. Toutefois, à la veille de la transition, ces lopins ne représentaient que 1,2 % de la superficie des terres arables, le reste étant regroupé au sein des structures intégrées.

La réforme agricole des années 1990 : entre conflits et compromis

Au début des années 1990, la Bulgarie, à l'instar de plusieurs autres pays d'Europe centrale et orientale, s'est engagée sur la voie de la démocratie et de l'abandon de l'économie planifiée. En 1991, les efforts des réformateurs bulgares se sont centrés sur la libéralisation et la stabilisation - deux composantes de politique économique inspirées des recommandations du « Consensus de Washington », alors que la privatisation a connu une trajectoire assez atypique. Au moment où ses homologues tchèque, polonais et russe discutaient et lançaient un programme de privatisation « de masse » des actifs des entreprises d'État (la Hongrie ayant, pour sa part, opté pour une vente des entreprises à des investisseurs stratégiques), le gouvernement bulgare décidait d'entamer le processus de redistribution formelle des droits de propriété, dans l'économie, par la restitution des terres agricoles.

Ce choix en faveur de la restitution apparaît comme le produit original de deux stratégies *a priori* divergentes : l'une visant à maintenir le *statu quo* et l'autre dirigée vers la rupture avec le passé socialiste, chacune des deux étant relayée par une organisation politique majeure. La première stratégie était soutenue par le Parti socialiste bulgare (PSB, ex-Parti communiste). Ne souhaitant pas perdre les premières élections démocratiques prévues pour la fin de 1991, le PSB s'est déclaré en faveur d'une loi sur la propriété des terres, espérant renforcer ainsi le soutien traditionnellement fort dont il bénéficiait dans les campagnes. La restitution des terres aux anciens propriétaires était très populaire au sein de la population rurale en raison de la structure égalitaire (car fragmentée) de la propriété à l'époque pré-socialiste. Toutefois, le PSB ne souhaitait pas le démantèlement des coopératives socialistes, source de son pouvoir. Par conséquent, le projet soutenu par ce parti politique possédait d'importantes caractéristiques de continuité avec le passé socialiste : la terre ne devait pas être restituée à des individus isolés mais à des collectifs d'individus regroupés au sein de coopératives ; les machines et les autres équipements devaient rester sous le contrôle des coopératives. En même temps, l'accent mis sur la restitution reportait la vente des entreprises d'État en offrant ainsi une possibilité à leurs dirigeants de mieux verrouiller le contrôle de celles-ci et d'accumuler des ressources pour participer ultérieurement à la privatisation.

Pour sa part, l'opposition de centre-droit (Union des forces démocratiques, UFD) ayant émergé au lendemain de la chute du régime communiste en 1989 était également favorable à la restitution mais pour des raisons tout autres. En effet, l'UFD était hostile à une loi sur la vente des actifs de l'État supposée bénéficier aux membres de la nomenklatura ayant accumulé des ressources importantes. En outre, l'UFD considérait que seuls les anciens propriétaires pouvaient apporter un soutien aux nouvelles forces démocratiques. Cette position peut s'expliquer par la prééminence, au début des années 1990, d'une aile conservatrice au sein du parti constituée de représentants des anciennes classes privilégiées, marginalisées et réprimées par les communistes : gros fabricants, propriétaires immobiliers et propriétaires fonciers, défendant l'idée de dé-communisation totale comprise comme un « retour au passé ». Par conséquent, la vision de l'UFD était que les terres devaient être restituées individuellement (et non collectivement aux membres de la coopérative) et dans leurs « limites réelles », c'est-à-dire dans les mêmes conditions et dimensions qu'avant 1947. Des commissions de liquidation expressément créées étaient supposées gérer les coopératives agricoles héritées de l'époque socialiste jusqu'à leur dissolution, calculer et distribuer la part de la propriété non foncière incombant à chaque membre de la coopérative. Une fois la distribution effectuée, les libres forces du marché devaient permettre la consolidation des terres et l'émergence de grandes fermes individuelles modernes.

Finalement, si le choix de la restitution comme réforme clé de la transition économique en Bulgarie apparaît comme un compromis entre les deux principaux partis de l'époque, il n'en demeure pas moins que les modèles économiques sous-tendant cette réforme dans l'agriculture étaient opposés : l'un accordait un rôle central aux individus et à l'auto-organisation par le marché alors que l'autre conférait un rôle important à l'État et au maintien des structures héritées de l'économie planifiée. Ce compromis n'était donc qu'apparent, chaque gouvernement après 1991 s'efforçant de réorienter la trajectoire des réformes en modifiant le cadre institutionnel (cf. tableau 1). L'instabilité politique et la polarisation des intérêts ont ainsi provoqué des basculements fréquents du processus réel de restitution dans l'agriculture.

Tableau 1. Stratégies de restitution dans l'agriculture bulgare, 1991-1996

Date et gouvernement initiant la réforme	Forme de propriété privilégiée par la réforme
1991 : Gouvernement sans étiquette politique mais influencé par le PSB	Forme coopérative caractéristique de l'époque socialiste
1992 : Gouvernement UFD	Fermes individuelles privées typiques de l'époque pré-socialiste
1994 : Gouvernement sans étiquette politique	Variété de formes de propriété, liberté du choix individuel
1995-1996 : Gouvernement PSB	Forme coopérative caractéristique de l'époque socialiste

Au terme de ces processus, la proportion des terres arables restituées à leurs anciens propriétaires se montait à un peu plus de 58 % en 1996 (tableau 2). Ce chiffre peut être considéré comme relativement élevé au vu des nombreux revirements dans la politique de restitution et témoigne bien de l'importance accordée à cette technique de privatisation par les gouvernements successifs (même si ses modalités concrètes diffèrent selon le parti au pouvoir). Toutefois, ce pourcentage est à mettre en relation avec celui correspondant aux titres de pleine propriété délivrés : à peine supérieur à 12 % cinq années après le lancement des réformes.

Tableau 2. Le processus de restitution des terres agricoles, 1992-1996 (% de la totalité des terres arables, fin de période)

	1992	1993	1994	1995	1996
Total des terres restituées	6,7	15	33,8	49,8	58,3
Titres de pleine propriété délivrés	0	0	0	6,1	12,4
Autorisations d'usage temporaire des terres arables	5,7	23	36,3	36,3	33,6

Source : Annuaires statistiques de l'Institut bulgare de statistique

Au début de 1997, à l'issue d'une crise financière, économique et politique sans précédent ayant emporté le gouvernement de PSB, l'UFD a gagné les élections anticipées. Elle a montré son fort attachement à la poursuite du processus de restitution dans la lignée de la « réparation de l'injustice sociale » de ses prédécesseurs libéraux, en l'accélérant durant les quatre années passées au pouvoir (le premier mandat complet pour un parti depuis le début de la transition !). En 1997, la restitution, jusque-là limitée aux terres arables, a été étendue aux forêts. Un effort considérable en ressources matérielles et humaines a été déployé, la taxe pour la délivrance d'actes notariaux de propriété ainsi que toutes les taxes sur les ventes de terres ont été supprimées. Le résultat en a été l'achèvement formel du processus de restitution en 2000.

Le résultat des réformes institutionnelles

Ces statistiques officielles ne doivent toutefois pas cacher la désorganisation complète du secteur à la suite des dix années de réorientations permanentes de trajectoire institutionnelle et organisationnelle marquées par des luttes idéologiques et politiques court-termistes, sans une stratégie de long terme pour le développement, la spécialisation et l'intégration du secteur à l'économie mondiale. L'absence d'une telle stratégie ainsi que la lenteur, la complexité et la bureaucratisation des procédures ont empêché la formation de marchés fonciers et ont été pour beaucoup dans les résultats particulièrement médiocres de l'agriculture bulgare tout au long de la période de transition. Dans ce qui suit, nous mettons en évidence trois conséquences de ces réformes chaotiques.

Dégradation des indicateurs économiques du secteur

Les effets des réformes agraires du début de la transition se sont combinés avec ceux de la crise du marché domestique due à la thérapie de choc initiée en 1991 et à la dissolution du CAEM et de l'URSS, principaux destinataires des exportations agricoles bulgares. Il en a résulté un effondrement de la production de près de 40 % entre 1989 et 1995 (graphique 1). L'activité d'élevage a été particulièrement touchée : en quinze ans, la production de viande de porc, de mouton et de chèvre a baissé respectivement de 82 %, 77 % et 72 % ; la production de lait et de miel a été divisée par deux alors que l'élevage de vers à soie a disparu. Pour de nombreux produits issus de l'élevage (viande, lait de brebis, laine), la production actuelle est inférieure à son niveau de 1948. Il en va de même pour certaines cultures réduites à des proportions infimes par rapport à 1948, comme par exemple les pommes (20 %), la canne à sucre (9 %) et le seigle (8 %).

Graphique 1. Évolution de la production agricole en Bulgarie

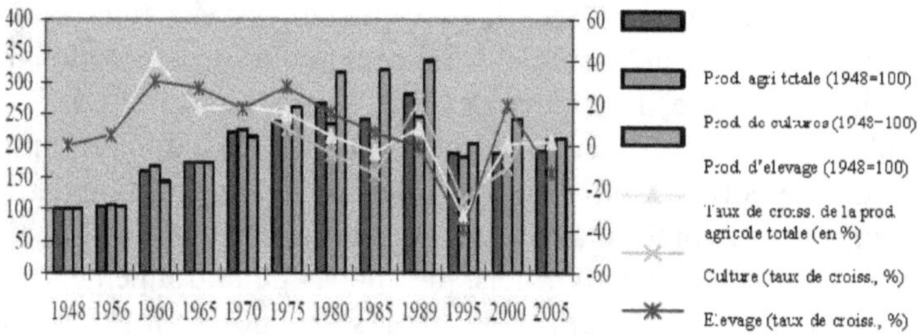

Source : Bashev (2008)

Parallèlement au déclin de l'usage intensif d'engrais chimiques et de pesticides, souvent au profit des brûlis, on observe une forte réduction des surfaces irriguées (graphique 2). Le renouvellement des machines, équipements et bâtiments agricoles a été pratiquement stoppé depuis 1989, faute d'investissement nécessaire. Le recours au travail manuel et aux animaux de trait s'est répandu largement dans les petites fermes individuelles restituées. Ceci a eu un impact immédiat sur les rendements des cultures et la productivité du travail dans l'agriculture.

Graphique 2. Évolution de certains indicateurs de l'agriculture bulgare

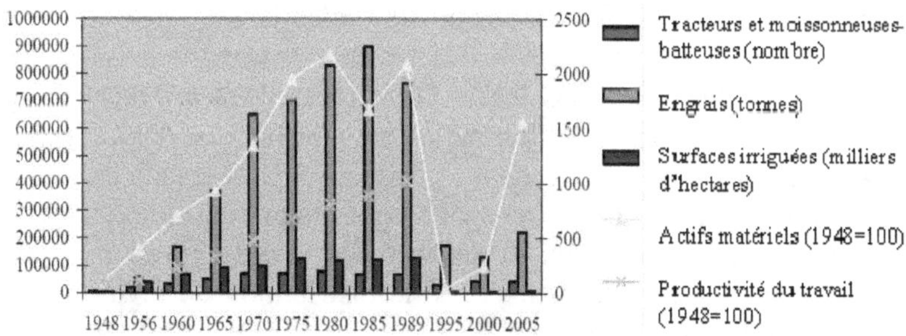

Source : Bashev (2008)

Le morcellement des exploitations

L'affichage formel de la fin de la restitution en 2000 ne signifiait aucunement la fin de la réforme foncière. En effet, les retards dans la délivrance de titres de pleine propriété se sont accumulés les années suivantes. Or l'absence de ces titres empêche le propriétaire de vendre son terrain : il est ainsi titulaire de l'usus et de l'usus fructus, mais pas de l'abusus. C'est donc un frein important aux transactions permettant de surmonter le morcellement des structures agricoles, qui, en 2008, était beaucoup plus important qu'à l'époque pré-socialiste (tableau 3). La consolidation des terres a été freinée également par la création tardive d'un système d'information au niveau national et d'un cadastre unifié. En outre, la lenteur des procédures légales de délivrance de titres de pleine propriété a eu pour conséquence de conférer un pouvoir discrétionnaire important aux dirigeants des commissions liquidatives et a créé un contexte favorable aux abus et à la corruption. En l'absence d'arrangements institutionnels formels, des modes de regroupement informels (baux informels) se sont développés de façon spontanée permettant la création d'exploitations de plus grande taille.

Tableau 3. Taille moyenne des exploitations individuelles privées en Bulgarie

1926	1934	1944	2008
5,7 ha	4,9 ha	4,3 ha	0,6 ha

Source : Lampe (1986) ; ministère de l'Agriculture (2009)

Les exploitations de grande taille : un atout pour l'agriculture ?

Même si la formation de coopératives privées (souvent dans le prolongement des coopératives socialistes) impulsée par les premiers gouvernements socialistes des années 1990 s'est par la suite ralentie, en 2007, ces structures regroupaient quand même un tiers des terres cultivées pour une superficie moyenne de 628 ha. Il est possible de distinguer deux principaux types de coopératives en fonction de la destination de leur production. Certaines sont tournées vers le marché et cherchent à répondre à la demande des acheteurs, alors que la majorité produit en revanche pour l'auto-consommation ; dans ce dernier cas, la production dépend des besoins des membres, la récolte est partagée et non pas vendue, il n'y pas de distribution de dividendes et par conséquent pas d'investissements.

L'orientation vers la forme coopérative de propriété de la part d'un nombre important des agents économiques bulgares durant la transition peut s'expliquer par plusieurs raisons relatives aussi bien à l'héritage socialiste qu'à l'émergence de nouvelles contraintes. Premièrement, on peut mentionner le fait que la restitution des terres s'est effectuée au sein d'un pays dont la structure économique héritée de l'époque socialiste était loin d'accorder une place importante à l'agriculture. Plus de la moitié des nouveaux propriétaires de terres restituées vivaient dans des zones urbaines et n'avaient pas l'intention de s'installer à la campagne ou de se lancer dans des activités agricoles. Le fait de confier leurs terres à la coopérative représentait pour eux une solution temporaire, permettant de repousser le choix définitif lié à l'exercice des droits de propriété, en fonction de leurs anticipations sur les changements juridiques ou la conjoncture économique. En attendant, ils bénéficiaient d'un revenu ou d'avantages en nature (distribution de biens alimentaires) qui représentaient un complément de ressources utile dans un environnement d'incertitude et de chute des revenus salariaux et des retraites. Deuxièmement, les machines et bâtiments agricoles en liquidation étant physiquement indivisibles, la seule façon de profiter de ces biens était au moyen d'une forme de propriété coopérative. Enfin, une troisième explication de l'existence des coopératives, liée à l'héritage organisationnel de l'agriculture, renvoie aux liens technologiques entre les coopératives socialistes et les industries de transformation : les réformes organisationnelles des années 1970 et 1980 avaient conduit au renforcement de ces liens par l'intégration des coopératives et des industries au sein de structures appelées « complexes agro-industriels ». Un producteur agricole isolé ne disposant pas d'une taille critique ne pouvait pas espérer entretenir cette sorte de relations propres aux grandes structures.

Concentrant leur production sur des cultures profitables (le blé et le tournesol), procurant à leurs membres un emploi et différents biens et services (produits alimentaires, fourrage pour les animaux, mécanisation et transformation des produits) et bénéficiant des économies d'échelle importantes, les coopératives se sont avérées des structures économiques attractives, en particulier durant la première décennie de la transition. Par la suite, les dysfonctionnements dans leur gestion et la difficulté d'adaptation aux nouveaux besoins de leurs membres et à la demande du marché ont conduit à la dissolution d'une partie d'entre elles au cours des années 2000. Elles sont aujourd'hui concurrencées par les exploitations affermées - sortes de structures hybrides -, qui ressemblent aux coopératives de par leur grande taille mais qui sont cultivées par une seule personne (famille) comme les fermes individuelles. La stabilisation de ces structures est rendue difficile par la durée limitée des contrats de location (trois ans), ce qui empêche la formulation d'une stratégie de production à long terme et pousse les bailleurs vers des pratiques d'exploitation très intensives (forte utilisation d'engrais, non-respect de la rotation des cultures, etc.) qui, à terme, menacent la biodiversité.

Face à ces quelques milliers d'exploitations de grande taille qui concentrent au total deux tiers des terres cultivées en Bulgarie, il existe plusieurs centaines de milliers de fermes individuelles privées. En effet, compte tenu de l'instabilité politique (dix gouvernements se sont succédé en vingt ans de transition), de la forte incertitude accompagnant les réformes économiques et du difficile accès aux marchés, beaucoup de Bulgares ont préféré conserver les terres restituées pour leur usage personnel. Dédiées à l'agriculture de subsistance, elles fournissent un second emploi et un complément de revenu pour la famille du propriétaire. Par conséquent, l'héritage du lopin familial de l'époque socialiste n'a non seulement pas disparu mais il s'est développé en jouant le rôle de filet de sécurité durant la transition.

Les grandes exploitations - coopératives privées et exploitations affermées - ne semblent pour l'instant pas avoir révélé leurs atouts, faute d'une conception globale et d'une politique économique cohérente dans le domaine de l'agriculture. L'adhésion de la Bulgarie à l'UE en 2007 est susceptible de changer la donne à l'avenir. Pour l'instant, toutefois, on ne dispose pas de suffisamment de recul pour évaluer les conséquences de l'intégration, d'autant que dès 2008, la Commission européenne suspendait ses aides aux agriculteurs bulgares (programme SAPARD) pour cause de corruption dans les administrations nationales chargées des versements des fonds. En 2009, quatre-vingt entreprises agro-alimentaires bulgares étaient épinglées pour avoir surfacturé des projets d'équipement financés avec des aides agricoles européennes. La corruption endémique et les soupçons de détournement de fonds européens pèsent sur l'agriculture bulgare, déjà désorganisée par les réformes du début de la transition. Or ces aides sont aujourd'hui plus que jamais indispensables pour permettre la modernisation de l'appareil productif agricole (à titre d'exemple, 85 à 95 % du parc de machines a plus de dix ans), la reconstruction des filières agro-alimentaires et l'insertion réussie dans le marché européen. Dans la mesure où les subventions sont conditionnées par la superficie des exploitations, il y a des chances pour que les structures de grande taille héritées du système socialiste ou ayant émergé plus récemment conservent une place prépondérante dans le paysage organisationnel de l'agriculture. Cependant, cela nécessite aussi un cadre juridique national stabilisateur et une administration compétente capable de fournir l'accompagnement nécessaire à l'évolution du secteur.

Conclusion

L'étude du cas bulgare de réformes institutionnelles relatives à un secteur donné, celui de l'agriculture, montre qu'il ne suffit pas de démarrer la transition par une réforme économique populaire pour que cette dernière devienne effective. En l'absence d'une vision claire sur l'avenir du secteur agricole, la polarisation des intérêts politiques a érigé la restitution des terres en solution-miracle qui s'est finalement avérée trop chargée idéologiquement pour atteindre ses buts. En l'absence d'autres réformes institutionnelles (création d'un marché foncier, élaboration d'une politique de crédit et d'aides à la réorientation des exportations, réorganisation de la filière agro-alimentaire, etc.), la principale conséquence de cette réforme a été la désorganisation complète du secteur. De ce point de vue, le cas bulgare apparaît plutôt comme l'anti-modèle d'une transition réussie.

Notre étude a également montré qu'il est impossible de faire table rase des formes organisationnelles héritées de l'époque socialiste, surtout lorsqu'elles s'avèrent plus adaptées au contexte particulier de la transition que celles que l'on souhaite réintroduire. La transition économique ne doit pas être analysée comme une rupture avec le passé mais plutôt comme un processus dialectique combinant héritage et création (Campbell, 1997 ; Campbell et Pedersen, 1996 ; Koleva, 2008).

Bibliographie

Bashev H. (2008), « Production and Productivity of Bulgarian Agriculture in Post War Years », MPRA Paper, n°7787.

Campbell J. L. (1997), « Mechanisms of Evolutionary Change in Economic Governance: Interaction, Interpretation and Bricolage », in L. Magnusson & J. Ottosson (eds.), *Evolutionary Economics and Path Dependence*, Cheltenham, Edward Elgar, pp. 10-32.

Campbell J. L., Pedersen O. K. (1996), «The Evolutionary Nature of Revolutionary Change in Post-communist Europe», in J. L. Campbell & O. K. Pedersen (eds.), *Legacies of Change. Transformations of Post-communist European Economies*, New York, Aldine de Gruyter, pp. 207-249.

Hanisch M. (2000), « Property Reform and Social Conflict - the Analysis of Agricultural Ownership Transformations in Post-communist Bulgaria », communication à The KATO Symposium, Berlin, 2-3 November.

Koleva P. (2008), « Changement institutionnel et dialectique entre héritage et création ; le cas de la transformation de la structure de propriété dans l'agriculture bulgare », *Cahiers du CEDIMES*, vol. 2, n°2, pp. 51-79.

Lampe J. (1986), *The Bulgarian economy in the 20th century*, New York, St Martin's Press.

Meurs M., Bogushev A. (2008), « Forward to the Past? Agricultural Restructuring in Bulgaria », *Revue Méditerranée*, n°110, pp. 93-104.

QUESTIONS DU PUBLIC

LA SALLE

Je voudrais revenir sur le thème de l'agriculture de la dernière intervention car Petia Koleva a mis le doigt sur les problèmes qui se posaient au moment de la transition et parmi les problèmes importants, je vois le problème du foncier. Par exemple, au Maroc, nous avons un problème avec le foncier au niveau des terres collectives, qui représentent 10 millions d'hectares et qui sont occupées par des tribus qui en ont la jouissance et ceci sous tutelle de l'État à travers le ministère de l'Intérieur. C'est donc l'État le propriétaire réel de ces terres mais elles ne peuvent être ni vendues ni transmises. L'État est donc contraint de transférer de façon abusive ces terres au secteur privé.

Le troisième exposé m'a inspiré deux remarques : la première concernant le code des investissements. J'ai été PDG de l'Agence de la promotion des investissements et nous avions élaboré un code pour l'agriculture. Je pense que les administrations veulent donner des avantages prévus par ce code, toute la question est de savoir qui bénéficie de ces avantages, et si ce ne sont pas seulement ceux qui sont capables de s'organiser pour répondre aux exigences administratives. Concernant la notion de projet intégré de l'agriculture en Afrique du Nord, il faut généralement associer des céréales et de l'élevage, le problème est que la plupart des gens ne veulent pas faire de l'élevage car ces propriétaires habitent les quartiers riches de la Marsa. Or l'élevage nécessite d'être présent sur l'exploitation. L'enjeu est donc de réussir à valoriser les exploitations agricoles autant qu'une petite ou une moyenne entreprise.

LA SALLE

Ma question s'adresse aux économistes tunisiens, avez-vous pensé à un modèle autochtone ? Ne faut-il pas arrêter d'appliquer les modèles proposés par la Banque mondiale ?

MODERATEUR PIERRE BECKOUCHE

Nous répondrons à cette dernière question lors de la table ronde dont cela sera le thème central.

LA SALLE

Ma question concerne les incitations fiscales. Depuis les années 1970, l'État tunisien propose des niches fiscales ce qui se traduit par une diminution des recettes fiscales et crée un sentiment de frustration et d'injustice chez les contribuables. Ce qui se traduit par un phénomène de fraude et, comme vous l'avez fait remarquer, ces incitations fiscales ne produisent pas l'effet escompté c'est-à-dire le développement de l'investissement, notamment l'investissement direct étranger. Alors pourquoi ne pourrions-nous pas revoir ces politiques d'incitation fiscale pour une rationalisation des avantages fiscaux en Tunisie ?

PETIA KOLEVA

Concernant la question de savoir qui bénéficie des avantages qui pourtant sont déjà institutionnellement fournis en matière d'aide à l'agriculture, nous pouvons mettre en parallèle ce qui permet à l'agriculture tunisienne de bénéficier de subventions et ce qui se passe dans des pays comme la Bulgarie où c'est l'Union européenne, à travers les différents programmes, qui aide les agriculteurs. La question est donc de savoir si les structures qui bénéficient de ces aides sont des structures de taille moyenne.

L'exemple bulgare montre que lorsqu'on est un petit exploitant, le temps passé pour obtenir ces aides est beaucoup trop important par rapport à l'aide demandée. Au-delà de la taille, il y a la question de la stabilité des structures bénéficiaires de cette aide, l'exemple bulgare montre que les baux sont d'une durée de trois ans, ce qui empêche aux exploitations agricoles d'envisager une politique à long terme et les empêchent de bénéficier des aides agricoles.

RIDHA GOUIA

Concernant les questions sur l'agroalimentaire et les IDE, ce secteur n'attire que peu d'investissements étrangers dans la mesure où c'est un secteur ancien qui, depuis la colonisation, répond à la demande locale alors que les investissements étrangers s'intéressent beaucoup plus aux marchés extérieurs. D'autre part, c'est une activité contrôlée par la bourgeoisie tunisienne, avec des problèmes de non-paiement des employés qui se traduisent par des fermetures d'entreprises et entraînent de graves problèmes sociaux. L'agriculture n'a donc pas échappé à la rapacité d'une classe prédatrice, ce qui s'est traduit par la dilapidation du capital agricole. Les codes investissements sont-ils suffisants ? Leurs déterminants sont transformés par les dynamiques internationales, les investissements horizontaux et verticaux ont changé les déterminants, c'est-à-dire les objectifs, les raisons de la délocalisation, qui étaient auparavant le bas salaire et aujourd'hui le marché. Le meilleur exemple en est la Chine, qui devient encore plus attractive grâce à sa forte demande intérieure.

PIERRE SALAMA

Concernant le micro-financement, cela dépend vraiment des pays, car nous nous sommes rendu compte que dans certains pays, la micro-finance conduisait à des taux usuraires. L'accès pour les pauvres était facilité, mais ils devaient payer des sommes astronomiques. Mais il y eut, aussi, d'autres expériences qui ont permis la création de petits commerces et donc d'alléger la pauvreté. Mais il faut faire attention surtout aux grandes sociétés de micro-finance qui ont trouvé un filon. Pour ce qui concerne la dette, la question : faut-il la payer ou non, est très importante. Que s'est-il passé en Argentine lorsqu'ils ont refusé de payer la dette ? Ils l'ont en réalité renégociée de manière imposée, c'est donc une expérience très intéressante. Troisièmement il faut rester mobilisé, il faut rendre l'impossible possible, il faut se méfier de ceux qui croient que cela est impossible, la voie unique, c'est une voie périlleuse. Il faut se préparer à des moments difficiles mais ce n'est qu'en restant mobilisé que l'on peut consolider la démocratie. Ce n'est donc pas en faisant confiance aux élites. Les élites ont besoin que l'on alimente leur intelligence par la mobilisation.

SYNTHESE ET CLOTURE DU SEMINAIRE

MODERATEUR : JEAN-FRANÇOIS DAGUZAN
Directeur de la revue Maghreb-Machrek, Maître de recherche à la FRS

Nous avons essayé d'apporter l'expérience des diverses transitions et de ramener quelques éléments conceptuels et théoriques à la question tunisienne. Trois thèmes seront traités dans cette table ronde. Le premier portera sur la question du consensus qui est au cœur des débats d'hier. Le second thème sera comment créer une économie de la connaissance et comment sortir d'une économie de la corruption et du modèle technocratique. Enfin le dernier point est la question européenne, ou comment faire en sorte que la Tunisie puisse trouver dans l'Europe un point d'appui ? Comment l'Europe peut-elle s'engager avec la Tunisie pour à la fois faire de ce pays un modèle d'une nouvelle forme de développement coopératif et approfondir la question des institutions. Nous nous projetterons dans un futur qui ne soit pas celui du désespoir même si, comme le dit Guy Hermet, on ne connaît pas la fin des phénomènes de transition. Malgré cela, nous allons essayer, justement, de travailler à y trouver une fin positive.

Transition, democratisation et fragmentation politique en Tunisie : elements de synthese

Jean-Yves Moisseron
IRD, GIS-CIST

J'avais le choix d'emprunter à la peinture, soit une méthode pointilliste, c'est-à-dire donner toutes les petites idées géniales qui ont été développées dans ce colloque, soit de préférer l'art abstrait, c'est-à-dire des lignes plus épurées où tous les participants au colloque se reconnaîtraient. Je n'ai pu choisir dans ma proposition de synthèse du colloque, exercice rendu impossible par le peu de temps qui m'est donné. Je vais aborder trois éléments de discours. Le premier sur la transition. Dans un premier temps, le mot transition n'a pas été discuté puis nous nous sommes rendu compte au fur et à mesure du débat que ce mot pose problème. Le deuxième est un bilan historique des expériences passées. Enfin, j'aborderai les enjeux ou les dangers de la transition tels qu'ils ont été évoqués ici.

Sur la transition : si on est libéral et néoclassique, l'ordre naturel, c'est le marché, c'est la démocratie, donc il est logique, dans le sens de l'histoire, que l'on aboutisse dans cette direction. Si nous sommes marxistes, nous allons considérer le développement du capital comme force organique qui pénètre le monde entier et pénètre cette espèce de forteresse un petit peu fermée qu'était le monde arabe. Le monde arabe n'était pas entré dans la troisième forme de mondialisation. Plus précisément la globalisation financière, si on reprend les thèses de Charles-Albert Michalet. Il est donc possible d'interpréter le sens historique de ce qui se passe en ce moment comme le triomphe du capital. Nous pouvons aussi considérer que c'est l'adoption de modes de vie consuméristes et individualistes qui pourrait nous apparaître comme une espèce de banalité et qui semblerait être la normalité mais qui correspond, en réalité, à une époque historique. Que l'on soit néoclassique ou marxiste, le mot transition n'est pas un problème, nous pouvons l'adopter facilement. Face à cela, il y a des historiens pragmatiques, sociologues dans la sociologie historique qui considèrent qu'il n'y a pas de transition. Poser le mot transition, c'est donner un sens à l'histoire et considérer que l'histoire pourrait véritablement mener vers une direction particulière. Je ne classe pas les intervenants qui ont questionné cette notion, mais on voit très bien qu'il y a des lignes de partage dans l'analyse et que cela mérite un débat approfondi. Évidemment à condition que ce mot transition ne soit pas seulement un mot mais qu'il recoupe des concepts ou des considérations théoriques et conceptuelles solides. Or, souvent, dans les discours sur la transition, le mot transition n'a pas de portée théorique. Nous avons aussi affiné progressivement les notions de démocratie. Derrière le décor de la « démocratie », beaucoup de choses très différentes peuvent se passer, que ce soit dans les formes de démocratie ou que ce soit dans une espèce de crise démocratique à laquelle, nous, au Nord, nous sommes confrontés. Nous avons parlé de démocratie libérale, nous avons parlé de populisme et, pour certains, dans ce colloque, la démocratie est aussi le triomphe de la raison. A partir du moment où les démocraties sont validées par des élections qui en même temps font appel à l'affect et à l'émotion, pouvons-nous encore appeler cela démocratie ? Tout le débat est donc de savoir de quoi on parle. Nous voyons donc progressivement que la définition pose problème et nous rebondissons sur la notion d'éléments sous-jacents. Est-ce une révolte ? Est-ce une révolution ? Nous avons vu tout au long du débat que les choses se complexifiaient. De ce côté-là de la Méditerranée, on est sorti d'un monde où l'on avait peur, où l'on craignait l'arbitraire alors qu'aujourd'hui, en Tunisie, nous pouvons discuter. Nous sentons le changement, les Tunisiens sentent un changement considérable. Nous considérons qu'il y a bien une mutation qui peut mener à une transition dans une perspective historique. Pour nous au Nord, qui ne sommes pas impliqués de façon aussi immédiate dans ces considérations, nous pouvons prendre plus de liberté dans l'utilisation de ce mot.

Dans le bilan historique des expériences passées, ce qui m'a semblé intéressant, c'est la citation « ce n'est pas le cheval que nous voulions ». Évidemment, la mariée démocratique, à la fin de l'histoire, n'avait pas tout à fait le visage que nous avions attendu dans les expériences de transitions démocratiques. Les participants ont beaucoup évoqué le populisme, les inégalités, les retours en arrière et les surprises de l'histoire. Un certain nombre de phénomènes historiques apparaissent dans ces mouvements révolutionnaires, dans ces situations particulières et qui relèvent de l'inattendu, donc de la surprise. Nous pouvons nous attendre, si nous voulons tirer des leçons en conséquence, à ce que dans la transition tunisienne il y ait d'autres surprises.

Un autre point me semble important. C'est la question des temporalités. C'est-à-dire que nous sommes obligés de considérer le temps. A la fois celui où nous pensons et celui où nous analysons les situations. Nous l'avions évoqué à travers la façon dont le passé doit être revisité par les nécessités du présent. Le passé doit être traité, presque reconstruit, notamment pour la construction d'un consensus. Dans la construction de ce consensus, que faisons-nous de ce passé ? Que fait-on de tous ceux qui ont trempé dans l'ancien régime, qui sont peut-être coupables de malversations et autres choses plus horribles. Mais en même temps, c'est dans la structure des États iniques qu'il y a tellement de gens concernés. Faut-il le traiter ou est-ce qu'on choisit l'oubli ? Est-ce qu'on choisit de faire surgir avec la justice transitionnelle un certain nombre de réalités historiques pour les dépasser ? Tout ça est en question. D'autant que la façon dont le passé sera traité va être différente selon les temporalités. De la même façon que faisons-nous, aujourd'hui, dans l'urgence, des éléments économiques qui se précisent et que faisons-nous dans le long terme ? Le long terme est encore plus complexe parce que si vous prenez l'histoire des transitions post-soviétiques et les bilans que nous avons successivement faits, vous verrez que ce que nous pensions la première année n'avait plus rien à voir avec ce que l'on pensait deux ans plus tard, cinq ans plus tard, dix ans puis vingt ans plus tard. Le phénomène de la transition se caractérise par la durée. Nous en avons pour dix ou trente ans, ce qui me donnera du travail et, je l'espère, l'occasion de revenir en Tunisie pendant dix ans au moins.

Troisième élément sur lequel je vais aller très vite : la fragmentation que nous observons sur tous ces phénomènes est finalement une multiplication, une effervescence que nous pouvons voir dans la multiplication des partis politiques. La Pologne avait à peu près 200 partis politiques, en Tunisie nous en avons 60 ou plus, il reste donc encore de la marge. Nous observons aussi ces phénomènes de fragmentation dans les catégories sociales. Peut-être verrons-nous une identité berbère en Tunisie, peut-être aurons-nous des groupes sociaux qui vont émerger et se réclamer de Carthage, des Phéniciens ou autres ? En tout cas il y a une espèce de créativité sociale qui, évidemment, traduit aussi des revendications sociales qui sont difficilement conciliables. Le problème dans une démocratie est de pouvoir concilier des aspirations contradictoires et de résoudre ces conflits de façon équilibrée et non-violente. Mais on observe un processus de fragmentation des revendications sociales et de construction de compromis qui va permettre à ces conflits de s'inscrire dans une stabilité durable en devenant progressivement une institution. Nécessairement, pour en arriver là, il faut construire un consensus. Nous avons vu dans les expériences historiques, en particulier celle de la Pologne ou bien celle de l'Espagne, qu'il est important de construire un consensus. Un certain nombre de débats semblaient importants mais ils ont été assez obsolètes. C'est le cas du débat sur le gradualisme et la thérapie de choc avec des partisans de l'un comme de l'autre. En Pologne, une thérapie de choc et en Hongrie, plutôt un gradualisme. Nous nous apercevons aujourd'hui que c'était une dimension historiquement dépassée. Le point essentiel est celui de la diversité des trajectoires historiques. Chaque pays, finalement, suit une trajectoire qui s'inscrit dans son histoire propre et là, je vous renvoie aux travaux de Bertrand Badie sur la diversité des formes étatiques dans le cadre du continent européen. Même dans une matrice d'économie de marché développé, nous voyons des divergences dans les formes d'États. Il y a aussi des divergences dans les formes de capitalisme. Probablement que chaque pays, et en particulier la Tunisie, trouvera sa forme historique particulière, à la fois sur les formes étatiques et sur les modes de régulation.

Table ronde
Leçons a tirer des experiences internationales

Theme 1 : La question du consensus

Georges Mink
CNRS, Sciences Po – Paris, Collège de l'Europe

Bien évidemment on peut faire entre nous une sorte de prophétie auto-créatrice. Il n'y a qu'une seule loi sociologique, celle de Merton : « Quand les gens croient certains faits réels, ils le deviennent par leurs conséquences ». Je crois, effectivement, que l'on peut créer quelque chose qui deviendra réalité. Il y a aussi la formule marxiste : « L'existence par la confiance ». Cela me ramène directement au thème du consensus de la confiance et du capital de confiance. Pour cela il faut que le processus soit légitime et des résultats palpables. Je vous propose d'ouvrir les trois chapitres pour voir ces résultats palpables : il nous faut d'abord la démocratie politique, les résultats palpables de la démocratie politique et des élections. Dans ces élections, le pluralisme politique doit s'exprimer en incluant le maximum possible d'acteurs sociaux. Ces élections doivent impacter la démocratie sociale, qui exige un pluralisme syndical, nécessaire courroie de transmission. Ainsi apparaissent des institutions du style tripartisme syndical, et des négociations aboutissant à un consensus entre le patronat, les employés et les syndicats. Et puis il faut gérer le passé, parce qu'il faut une justice. Sans justice, la ville se vengera. Il y aura des retours de ce qui n'a pas été réglé au bon moment. Ce qui n'a pas été réglé deviendra des expédients pour les compétitions politiques qui n'auront plus rien à voir avec les faits commis mais qui les instrumentaliseront. Je pense qu'il faut une clarification pour assurer la continuité de l'État et assurer la cohésion. Je me souviens, qu'en Pologne, les communistes et les non-communistes ont décidé de mettre à la retraite des militaires et des policiers qui avaient dépassé les 55 ans, excluant du champ politique et de l'appareil de l'État tous les généraux. Cela a permis à ceux qui étaient peu ou pas influencés par la mentalité soviétique de construire la démocratie. Par contre, en Tchécoslovaquie, l'épuration a été radicale, on a cassé complètement la police et deux jours après, la mafia régnait sur Prague, qui était devenue la ville la plus dangereuse du monde. Donc je crois qu'il faut une forme d'épuration respectant l'État de droit. Ce ne sont que quelques pistes, vous avez la possibilité d'en ouvrir beaucoup d'autres sur ce thème, je considère que le débat est ouvert.

MODERATEUR : JEAN-FRANÇOIS DAGUZAN
Directeur de la revue Maghreb-Machrek, Maître de recherche à la FRS

Ce thème est extrêmement important car il conditionne une bonne partie de la suite et établit des règles du jeu qui permettent de continuer le processus transitionnel, en dégageant un consensus sur une épuration qui ne décapite pas le fonctionnement de l'État, comme ce fut le cas en République tchèque ou encore en Irak, qui en est un exemple parfait, Il faut trouver ce point d'équilibre, jamais parfait puisqu'on conserve en place des gens que nous voudrions voir partir mais qui apparaissent essentiels dans le processus de transition.

QUESTIONS DU PUBLIC

LA SALLE

Nous sommes d'accord pour chercher un consensus mais à travers quelle institution ? Qui a la légitimité pour réfléchir à ce consensus ? Certaines structures se sont prononcées sur ce sujet, quel est notre positionnement par rapport à ce qu'elles proposent ? Et dans une optique de recherche d'une certaine efficacité, considérons-nous qu'il appartient au gouvernement de remettre en question le consensus qui s'est exprimé ? Et quels risques remettre le consensus en question et remettre en débat public cette question comporte-t-il ?

LA SALLE

Je suis universitaire et professeur d'économie. Pour ma part, je trouve qu'il y a un problème de définition de la démocratie. Depuis que nous parlons de démocratie, on voit qu'il n'y a pas qu'un seul schéma possible. Chaque pays a sa propre définition de la démocratie. La démocratie, c'est la mode en Tunisie, tout le monde en parle. La révolte est plutôt économique que politique. Nous sommes à un carrefour et il faut choisir le bon chemin mais nous ne trouverons peut-être la démocratie qu'à mi-chemin ou, peut-être, au bout. La priorité, à mon avis, c'est de penser et de résoudre les problèmes économiques. On ne peut pas discuter de politique lorsqu'on est affamé. Il faut donner à manger aux gens, notamment aux jeunes diplômés, il faut favoriser un plan économique qui accompagne la transition politique car les deux sont inséparables. Il faut choisir une voie qui nous mène à la démocratie, et cette dynamique devra nous conduire, dans dix ans, à encore redéfinir cette démocratie, parce que c'est une notion qui doit s'adapter à l'évolution d'une économie donnée.

BENJAMIN BASTIDA

La démocratie implique à la fois une voie et une dynamique. La démocratie est un processus électoral et il faut l'ouvrir à plusieurs espaces : l'école, les syndicats et la société civile pour arriver à un consensus. La démocratie n'est pas une chose purement formelle, elle doit notamment être complétée par la démocratie participative.

LA SALLE

Concernant le consensus, je dirai que, pour un sociologue, c'est toujours une fiction mais une fiction bien utile. Il faut trouver un format, un modèle, un symbolisme. Or, le symbole dans ce pays était un certain monsieur affiché dans tous les magasins. Il existe donc un vide symbolique, je ne sais pas s'il faut le remplacer par quelqu'un d'autre peut-être plus démocratique, plus charismatique, mais je pense que la question des symboles est quelque chose de très important. Nous savons, en tant que sociologue, qu'il est bon de réduire la complexité des symboles pour se retrouver autour de quelque chose pour laquelle on pourrait même donner sa vie, c'est, par exemple, un drapeau !

GUY HERMET

Les exemples sont très difficiles à dupliquer. Par exemple, faudrait-il traduire en justice, inculper puis enfermer jusqu'à la fin de leur vie les chefs de l'armée égyptienne qui ont évité un grand massacre ? Pour le général Jaruzelski, en Pologne, on a un peu hésité mais il a peut-être évité que l'armée russe entre en Pologne et finalement il a lancé le processus polonais. Aurait-il fallu l'enfermer jusqu'à la fin de ses jours ? Il y a le cas, aussi, où les bourreaux sont des deux côtés et, à un certain moment, on ne se rappelle que de ceux d'un côté. Je ne prendrais qu'un exemple, celui de l'Espagne. Il y a eu des dizaines de milliers de victimes du franquisme, mais Santiago Carrillo, responsable de l'ordre public de la Junte, au début de la guerre civile à Madrid a, sous son autorité, fait fusiller 16 000 prisonniers en moins de dix jours, la plupart pour délit de garrottage. Au moment où on avait ce débat sur l'exigence de justice et de mémoire en Espagne, une des universités de Madrid lui a décerné un doctorat honoris causa, nous voyons donc que c'est difficile à appliquer.

LA SALLE

Un consensus est l'aboutissement de quelque chose ; à mon avis un consensus ne peut aboutir qu'après trois étapes : une histoire, une mémoire et un espoir. Nous avons donc une histoire, cette histoire aboutira à ce que j'appelle un espoir dans le cadre de ce consensus.

LA SALLE

Bonjour, je suis un intrus ici car j'ai fondé un parti. J'ai quelques remarques. Aujourd'hui, en Tunisie, la population se pose la question de savoir si on doit assurer une transition vers la liberté, ou vers autre chose ? Il y a une peur de l'islamisme radical, de la crispation identitaire ainsi qu'une peur de la mafia, peut-être que cela n'existait pas de la même manière en Europe de l'Est. Vous avez parlé de la question du passé, or il y a un risque réel aujourd'hui en Tunisie que l'on structure le débat public sur le passé, et non pas sur le présent ou le futur, notamment par les victimes du passé, notamment le parti islamiste Ennahda, qui essaie de focaliser le débat sur ce passé. On essaie là aussi d'occulter les défis du présent et du futur, c'est donc un danger réel dans cette transition. Le troisième danger est la culture de la dictature, qui est encore présente. La dictature qui est l'animosité, l'extermination de l'autre, la négation de l'autre, malheureusement cette culture existe aujourd'hui dans la classe politique, nous avons assisté à des scènes d'une violence inouïe entre partis politiques qui étaient il y a quelques mois des alliés politiques. Cette violence verbale et physique menace aujourd'hui la transition parce qu'on récupère la culture de la dictature. Ceci étant, que faire maintenant ? Il faut se poser la question de l'instauration d'une légitimité parce que la pluralité n'est pas une fin en soi dans la politique, elle doit permettre l'instauration d'une légitimité, d'institutions légitimes pour pouvoir assurer cette transition.

LA SALLE

J'ai entendu deux types de précautions qui me font réagir : à propos du consensus à travers quelle institution ? Consensus, oui ! Mais il faut une histoire, une mémoire et un instant, donc c'est vrai que nous sommes ici entre intellectuels, entre gens du Sud et du Nord, on établit un consensus sur ce schéma. Mais ce n'est pas un consensus, il faut un consensus national. J'ai partagé humblement mon expérience avec les Sud-Africains. Mandela était présent, ils organisaient des débats publics, et c'est à travers ces débats qu'ils légitimaient leur consensus

LA SALLE

Peut-être que ce qui ressort des discussions depuis hier, c'est que cette transition a nécessité beaucoup de temps, au vu des expériences qui ont été présentées. Mais d'un autre côté il faut voir qu'en Tunisie, les manifestations, les sit-in et les grèves montrent qu'il y a une certaine impatience, et une attente de réponses rapides et concrètes. Cela a donné naissance déjà à trois gouvernements provisoires en l'espace de quelques mois. Comment donc faire pour parer à cette urgence, privilégier le court terme ne présenterait-il pas un risque pour la mise en place d'une transition aux bases solides et pour garantir cet équilibre sur le long terme ? Cet équilibre à trouver entre court terme et long terme, comment le trouver, l'identifier et surtout comment le mettre en place ?

SOPHIA MAPPA

Je voudrais poser une question à nos amis tunisiens. Quels sont les pouvoirs légitimes ? Et quel sens donne-t-on à la légitimité ? Par ailleurs, j'aurai quelques remarques : ce qui s'est passé en Tunisie est un dépassement de la peur, et venant d'un pays comme beaucoup d'autres où le pouvoir s'exerçait sous la contrainte et la peur, je pense que c'est un acquis immense. Il faudrait certes le conserver et le développer. Certaines idées très intéressantes ont été développées ces derniers jours, notamment qu'il faudrait s'émanciper des idées toutes faites, et construire ses propres vérités. Il faut admettre qu'à partir du moment où on commence à s'autonomiser c'est cela le principe de la démocratie. Une autre chose intéressante qui a été dite par

Pierre Salama, c'est la nécessité de l'action, c'est-à-dire sortir de l'attentisme pour une action ayant réellement existé.

LA SALLE

M. Salama a dit : méfiez-vous des économistes, je rajouterai méfiez-vous des élites. L'élite est corrompue, cependant il est nécessaire d'avoir un sentiment de confiance : les Tunisiens n'ont pas assez confiance en leur histoire, en leur passé et en leur présent. Ayez un peu de confiance !

THEME 2
CREATION D'UNE ECONOMIE DE LA CONNAISSANCE ET SORTIE D'UNE ECONOMIE DE CORRUPTION

MODERATEUR : JEAN-FRANÇOIS DAGUZAN

Directeur de la revue Maghreb-Machrek, Maître de recherche à la FRS

Merci beaucoup, nous achevons le débat de cette première partie de table ronde. Nous entrons dans la deuxième thématique : comment créer une économie de la connaissance face à ce qui était une économie de la corruption, avec Mohamed Haddar, coorganisateur de cette manifestation remarquable et qui reprend là son rôle de chercheur.

MOHAMED HADDAR

Je me réfère uniquement à la Tunisie. Je prendrai comme point de départ qu'il faut retrouver et reconstruire un autre modèle de développement. Il me semble qu'il y a presque un consensus là-dessus. Avoir un autre modèle de développement, c'est faire un choix sociétal, cela représente d'autres choix à la fois économiques et financiers. Un choix qui sera de la responsabilité de ceux qui seront élus pour nous gouverner. Parmi les quelques recommandations que je ferai, la première est le droit au travail, un travail décent et un salaire consistant. Pour cela, il faut une économie qui soit capable d'absorber les diplômés de l'enseignement supérieur. Dans ces conditions, notre intégration dans le système économique mondial s'est faite sur la base d'avantages comparatifs banalisés : sur ce que nous donne la nature, c'est-à-dire le soleil et la mer, et la compression des salaires, c'est-à-dire une main-d'œuvre un peu moins chère. Ce modèle d'intégration a porté ses fruits, mais il faut nécessairement une composante technologique. Pour cela, il faut un secteur privé dynamique et innovant, à la fois national et international avec sa composante technologique. Mon ami Ridha disait que le capital étranger s'oriente vers des secteurs à faible valeur ajoutée, il nous faut donc un autre modèle. Pour cela, il faut s'inspirer des expériences internationales existantes, il faut notamment examiner le modèle des pays asiatiques. Je terminerai sur l'idée que l'État a à jouer un rôle extrêmement important dans cette construction de l'économie ; c'est à lui de réorganiser, de dissoudre et de reconstruire les institutions qui vont accompagner cela. Le rôle de l'État est donc extrêmement important ainsi qu'un secteur privé innovant et dynamique. Voici quelques idées simples, mais les partis politiques pourront prendre une autre voie et un autre chemin.

MODERATEUR : JEAN-FRANÇOIS DAGUZAN
Directeur de la revue Maghreb-Machrek, Maître de recherche à la FRS

Merci M. Haddar. Nous avons là aussi des éléments à débattre et je profiterai du privilège du modérateur pour rebondir directement sur ces éléments. Parmi les éléments centraux du développement de la Tunisie de demain qui ont été évoqués en partie par Guy Hermet, nous trouverons la nécessité de rétablir l'emploi des corps intermédiaires, la formation des agents de maîtrise, des contremaîtres, des techniciens supérieurs, c'est-à-dire ceux qui font la charnière entre la partie conceptuelle et la base. En me basant sur mon expérience professionnelle, dans les années 1990, j'ai maintes fois noté des déficiences sur les systèmes de recherche et de développement des pays méditerranéens, dans le Maghreb mais aussi en Afrique du Nord en général, c'est ce chaînon manquant de la structure de production technologique qui fait que la présence d'intellectuels ne se traduit pas directement en production. Or cela est un élément vital du futur développement de la Tunisie, chez nous, chez d'autres, et qui, si cela continue, nous mènera dans le mur alors que d'autres pays comme l'Inde, la Chine ont réussi à dépasser ce modèle.

MOHAMED HADDAR
Président ASECTU

Je souhaiterais réagir tout de suite, je crois en l'idée de notre doyen Belaid. Il faut réformer le système éducatif. J'ai parlé tout à l'heure des 157 000 chômeurs, toutes catégories confondues, à commencer par les écoles aux formations de trois ans. Le problème est que les entreprises ne les emploient pas. La question de l'adaptation du système éducatif au système économique ne se pose pas pour la Tunisie. C'est probablement un facteur, mais la cause principale est que les entreprises ne sont pas prêtes à quitter leur logique de compression des salaires et de minimisation des coûts.

QUESTIONS DU PUBLIC

LA SALLE

Je voudrais faire simplement une remarque concernant l'intervention de M. Gouia, sur l'investissement étranger. Car lors de mes travaux sur l'investissement étranger et l'attractivité de la Tunisie, j'ai observé que l'exonération et les avantages sociaux ne sont pas un facteur déterminant concernant la délocalisation des entreprises multinationales. Mon enquête a révélé que ce n'était que le huitième facteur sur treize. Par conséquent, en comptant qu'elles commenceront à payer des impôts au bout de dix ans, c'est une erreur car elles trouveront une solution ou un arrangement pour éviter cela. Or nous avons besoin de ces impôts, par exemple pour le développement régional. Ces exonérations ne sont donc pas pertinentes, il faut aussi repenser la fonction de l'investisseur. Avons-nous besoin d'un simple investisseur, dans le secteur de la sous-traitance ? Ce n'est plus le cas, comme en 1972 et en 1974. Nous avons une main-d'œuvre qualifiée. Il faut donc repenser la nature de l'investissement étranger. Il nous faut donc un investissement dans des secteurs à forte valeur ajoutée avec des innovations et un transfert technologique, et surtout des investisseurs qui soient capables d'absorber une partie des diplômés au chômage. Une autre question concerne la situation géographique de ces investissements, malheureusement toute la région interne de la Tunisie est délaissée. C'est donc aux investisseurs et à l'État tunisien de préparer un terrain favorable encourageant les investisseurs à s'installer dans ces régions. Ces investisseurs ont besoin d'écoles pour leurs enfants et d'un cadre de vie agréable ; c'est donc le rôle de l'État de créer ces conditions favorables. L'État doit repenser sa fiscalité, car la plupart des entreprises ne paient pas d'impôt, ce qui conduit à un déficit fiscal immense. En parallèle de la lutte contre la corruption, il faut trouver un moyen pour contrôler le paiement des impôts d'une façon ou d'une autre. Car l'État tunisien a besoin de ces ressources. Il faut contrôler la conduite et l'utilisation de ces impôts vers le développement de ces régions défavorisées.

LA SALLE

Je ne pense pas que le problème de l'investissement soit prédominant en Tunisie. Il s'agit davantage d'un problème de sécurité car le point de vue que vient d'évoquer M. Haddar et que je partage d'ailleurs, c'est que les structures existent en Tunisie ; chaque secteur dispose d'une technopole avec les formations adéquates dans les gouvernorats, même si elles doivent s'adapter. Nous devons régler les problèmes de sécurité.

LA SALLE

Je souscris à l'idée de M. Haddar d'amender notre modèle de développement. Il est vrai que nous avons assisté à l'échec de l'ancien modèle, qui était basé sur les bas coûts des salaires et la compression des salaires, nous pouvons donc nous inspirer des expériences des pays asiatiques qui ont développé des niches de croissance, à partir d'un système d'éducation comme nous l'avons, ce matin, proposé. Ce système nécessite une restructuration, et une adaptation profonde. N'oublions pas que 99 % de nos meilleurs bacheliers qui font leurs études à l'étranger restent à l'étranger. Nous avons donc besoin du retour de ces forces.

LA SALLE

Tout d'abord une première remarque. Sur les dix dernières années, en moyenne, le nombre de diplômés du supérieur a augmenté de 15 % par an, 18 % pour les filles. Par ailleurs, les taux d'investissements ont été de 20 à 25 % mais ils ont été très peu créateurs d'emplois. Les études que j'ai lues, qui ont calculé les élasticités de l'emploi, indiquent des élasticités de l'emploi très faibles. Il y a eu des enquêtes pour déterminer pourquoi il y avait aussi peu de création d'emplois et pourquoi l'investissement national privé est resté frileux. La première réponse concerne les comportements mafieux, la deuxième concerne les incitations et le code du travail, le coût du travail pour l'entreprise, la TVA sociale peut également être une piste.

BENJAMIN BASTIDA

Je ferai simplement quelques remarques, je pense tout d'abord que le système économique doit avoir pour objectif de couvrir les besoins de la population. C'est-à-dire procurer à la population une situation de bien-être et de bonheur, et la construction, voire la reconstruction du système économique. Il y a deux possibilités pour la Tunisie, un modèle extraverti selon le Consensus de Washington et les recommandations du Fonds Monétaire International comme l'ont adopté les pays asiatiques, ou bien un modèle introverti, c'est-à-dire un modèle qui vise surtout la satisfaction des besoins et la demande de la population. Ce modèle créera plus d'emplois et sera plus stable que le modèle extraverti, comme nous le voyons avec la crise internationale. Ma troisième remarque, c'est un défi aux économistes tunisiens, il s'agit de proposer un système économique participatif, et de conduire une démocratie économique en complément d'une démocratie politique et sociale. Un système participatif suppose que les nécessités et les formes de travail soient définies par la population et les travailleurs.

LA SALLE

Je suis très contente d'écouter M. Haddar car cela rejoint parfaitement les revendications des défenseurs des droits de l'Homme, et surtout les acteurs politiques, convaincus eux aussi qu'il faut investir dans un nouveau modèle de développement. Cela est beau et facile à dire mais c'est beaucoup plus difficile à faire pour deux raisons. Premièrement, dans les pays de l'Est, le mouvement vers la liberté était soutenu par le monde libre qui croit au marché. Aujourd'hui une extrême-droite, très crispée sur les questions identitaires, se fait entendre et remet en cause le libre marché. Les forces d'extrême-gauche d'inspiration marxiste-léniniste proposent des modèles mentaux et philosophiques qui ne vont pas dans le sens de la liberté. Nous avons un centre très éparpillé, aujourd'hui, qui se cherche. Nous n'avons pas achevé notre réflexion philosophique et politique parce que la révolution, le 14 janvier, est arrivée à cause d'une accumulation de tensions mais surtout par surprise, sans préparation intellectuelle et politique. Deuxièmement puisqu'on parle des nouveaux modèles économiques, il faut revenir au marché. Nous savons déjà produire sur un marché du textile bas de gamme mais encore faut-il trouver le marché des technologies à haute valeur ajoutée. Nous avons donc un véritable problème de marché pour les technologies à très forte valeur ajoutée, ensuite nous avons un gros problème de prospective en Tunisie, le système Ben Ali n'a pas vu venir ce changement de la pyramide de l'emploi. Aujourd'hui nous pouvons investir dans un secteur porteur qui peut s'écrouler rapidement. Nous n'avons pas la culture de la prospective économique ni politique. Nous avons donc besoin d'instruments de prospective pour accompagner les choix futurs. Nous avons de réels problèmes de budget aussi, par exemple dans les ISET et je contredirai Mohamed Haddar car les ISET se comportent beaucoup mieux concernant l'emploi que les universités, notamment dans les secteurs technologiques. À cela j'ajoute une question, quel serait le taux à réserver dans le budget de l'État sur les cinq années à venir pour assurer ce changement vers ces nouveaux modèles économiques à haute valeur ajoutée ?

LA SALLE

Je voudrais dire un mot sur les ISET, les dernières données nous montrent que c'est le plus gros pourcentage de chômeurs.

LA SALLE

Je me permets de vous contredire : pour les filières technologiques des ISET, les chiffres sont moins catastrophiques qu'ailleurs.

JEAN-YVES MOISSERON
IRD, GIS-CIST

L'un des problèmes de la transition concerne la sortie d'un système de corruption. Je vous donnerai un exemple. Il y a une dizaine d'années, une Pizza Hut sur la corniche de la Marsa a fermé, apparemment parce que les propriétaires n'avaient pas payé le bon racket. On leur a d'abord coupé l'eau puis, dans la journée, on a envoyé les services sanitaires pour pouvoir fermer le restaurant. Ce qui veut dire que le système antérieur était organisé sur une forme d'insécurité. Si l'investisseur est soumis à l'arbitraire, à une absence de transparence des règles, s'il peut être racketté, s'il n'a pas de moyens de se défendre, cela amène à des comportements d'adaptation à cette situation, comme le développement du secteur informel, la fuite à l'étranger vers des investissements plus sûrs, il peut chercher à réduire son activité, ou trouver des solidarités auprès du pouvoir politique. C'est extrêmement frappant en Égypte, où c'est la règle. La transition économique va donc consister, dans un premier temps, essentiellement à sortir de cette économie du bakchich, de l'insécurité économique parce que cela libère d'un seul coup les ressources qui peuvent être utilisées. Un chiffre seulement : les investissements directs égyptiens vers l'étranger représentent 4 milliards de dollars, c'est-à-dire les mêmes ressources que le canal de Suez. Demain, sortir de cette économie du bakchich permettra d'utiliser localement une grande partie de ces investissements. Du coup cela augmentera l'investissement interne et externe. C'est donc un enjeu fondamental. Je résumerai en disant qu'il faut donc construire un État de droit économique.

MODERATEUR : JEAN-FRANÇOIS DAGUZAN
Directeur de la revue Maghreb-Machrek, Maître de recherche à la FRS

Je rebondis sur ce que dit Jean-Yves Moisseron, les études sur les investissements et les implantations d'entreprises ont beaucoup été utilisées dans les années 1990, avec des recettes d'une grande simplicité. Les investisseurs préfèrent un climat favorable, un environnement administratif cohérent, un vivier de main-d'œuvre formée, une infrastructure scientifique et technique. Tout cela, la Tunisie le possède. Mais l'élément central réside dans l'État de droit économique et la sécurité, faute de quoi l'investisseur ne viendra pas.

LA SALLE

À propos de l'environnement économique, certaines enquêtes expliquent pourquoi les Japonais investissent beaucoup en Grande-Bretagne. Un des facteurs serait la présence de terrains de golf.

LA SALLE

J'aimerais revenir sur le concept du nouveau modèle de développement. Ce concept me dérange parce que nous avons un rôle important au niveau de la communication de ces idées. Car nous ne devons pas perdre de vue que durant les années passées nous avons enregistré des taux de croissance très positifs, la veille de la révolution nous avions enregistré 5 % de croissance. Ces performances sont donc à capitaliser. Nous ne partons donc pas de zéro, il y a des performances, des points positifs et négatifs, nous devons partir d'un constat aussi objectif que possible. Nous ne devons pas détruire ce qui est positif. Lorsqu'on parle d'un nouveau modèle de développement, on a l'impression que tout va être transformé, pour construire un nouveau modèle. Il vaut mieux parler de politique de redressement, d'une recherche de nouvelles idées, agir où cela n'a pas marché. Il ne faut pas de transformation brutale car la Tunisie n'a pas les moyens de subir une transformation radicale, nous sommes inscrits dans un contexte de mondialisation. Nous avons installé un partenariat international et pas seulement euro-méditerranéen. Cela constitue une base qui nous permettra d'innover.

MOHAMED HADDAR
Président ASECTU

Nous n'allons pas tout chambarder, lorsque nous parlons d'une meilleure intégration au système économique international. Un système public plus dynamique et plus innovant, ce n'est pas une transformation radicale. Un autre modèle signifie d'autres choix pour mieux intégrer une population qui a été exclue de ce modèle. Ajoutons à cela qu'il y a un déficit d'investissement privé, ce que vous appelez insécurité, nous l'appelons corruption.

MODERATEUR : JEAN-FRANÇOIS DAGUZAN
Directeur de la revue Maghreb-Machrek, Maître de recherche à la FRS

Nous passons à la dernière table ronde puisque nous allons aborder les questions de l'Europe, il s'agit de se poser la question de l'ancrage en Europe en tant que mouvement et institution avec des défauts mais aussi des qualités, je tiens à le rappeler. Je donne la parole à Pierre Beckouche.

THEME 3
LA QUESTION EUROPEENNE

PIERRE BECKOUCHE
Directeur du CIST

Je commencerai par la question des politiques publiques du partenariat euro-méditerranéen. Une question a été posée concernant la transformation de la dette en projets de développement. La presse s'est beaucoup fait l'écho d'une sorte de Plan Marshall et d'une augmentation très sensible des subventions européennes pour développer les infrastructures tunisiennes dans quelques années. M. Zouari a évoqué la possibilité de considérer la Tunisie comme un territoire européen pendant quelques années. Je trouve cette idée tout à fait intéressante parce que nous sommes ballottés entre deux alternatives. Être membre de l'Union européenne ou ne pas l'être. L'idée de M. Zouari est à creuser car cela peut vouloir dire que sans être membre de l'Union européenne, la Tunisie peut bénéficier de la politique régionale qui est une des grandes politiques de l'Europe. Vous savez aussi à quel point l'Europe est procédurale, or la politique régionale peut permettre toute une série de subventions notamment pour résoudre les problèmes d'inégalité régionale. Je tiens à attirer votre attention sur une question tout à fait intéressante, celle de la déclaration de la Commission européenne du 8 mars. Celle du 27 mars avait été tout à fait indulgente mais quinze jours plus tard la Commission a fait une déclaration tout à fait intéressante conjointement avec le Parlement, parlant de mobilité professionnelle, d'augmentation très importante des subventions européennes et d'une communauté euro-méditerranéenne de l'énergie. Nous voyons donc qu'il s'est passé des choses importantes durant ces quinze jours, ce qui veut dire que les projets sur l'énergie, l'eau et l'agriculture et même la question de la sécurité sont différentes questions qui peuvent être impulsées par les pouvoirs publics du Sud de la Méditerranée. D'autre part, si on veut instaurer de vrais partenariats politiques en dehors de rapports commerciaux, se pose la question des rapports avec le privé. Nous avons donc trois mots-clés.

Premièrement, la **sécurisation des investissements** qui est une demande récurrente des investisseurs du Nord, avec une pléthore de traités qui empêchent une pleine confiance. C'est une question qu'il faudra régler ; en cas de différend, qui règle les conflits ? Ne faut-il pas une cour d'arbitrage qui soit accessible à tous, notamment aux PME à des prix accessibles ?

Le deuxième mot-clé est **l'efficacité des investissements étrangers**. Il ne faut plus faire du *one shoot*, acheter un service privatisé ou dans le tourisme, mais au contraire faire un investissement trans-méditerranéen dans les secteurs productifs, ce qui suppose deux choses : une politique industrielle nationale et une politique d'images car, dans l'ensemble, il y a un grand déficit d'image.

La troisième question concerne **la nécessité d'une banque régionale de développement**. La Méditerranée est la seule région à ne pas en avoir. Les Européens suggèrent d'utiliser la BEI. La BEI est une banque européenne, ce n'est donc pas un instrument financier paritaire et cela compte pour le soutien aux PME. Pour résumer, il me semble que le partenariat avec l'Europe peut prendre trois directions. La première pourrait être la relation traditionnelle facilitée par l'opportunité géopolitique. L'opportunisme tunisien peut profiter de ce moment parce qu'on sent bien que les Européens ont toutes les peines du monde à aider les pays du Sud, sauf la Tunisie. Il faudrait donc respecter des équilibres politiques compliqués entre l'Allemagne et la France, entre l'Europe centrale et l'Europe méditerranéenne car toute grande opération venant des pays du Sud pose des questions sur la politique de voisinage. Le deuxième type de relations serait une forme de dépit. Pourquoi les Tunisiens continueraient-ils d'avoir des relations avec l'Europe alors que celle-ci a soutenu les dictatures ? Le troisième type de relations est la banalisation ; la Tunisie ayant tout intérêt à développer ses relations avec le Golfe et l'Inde. La Tunisie, déjà proche de l'Europe, a tout intérêt à développer des relations diversifiées.

MODERATEUR : JEAN-FRANÇOIS DAGUZAN
Directeur de la revue Maghreb-Machrek, Maître de recherche à la FRS

Pour ouvrir le débat, rappelons une chose importante, à la question de la régionalisation évoquée ce matin, il faut ajouter la grande régionalisation, la question du Maghreb arabe et d'une approche régionale qui peut aller de la Mauritanie à l'Égypte. Il faut en tout cas essayer de briser le cercle infernal de la non-coopération des relations économiques avec moins de 3 % d'échanges réels de part et d'autre. Est-ce que le grand mouvement que nous sommes en train de vivre parviendra à faire surmonter les clivages stratégiques traditionnels ? Cela fait partie des grands chantiers à venir.

QUESTIONS DU PUBLIC

LA SALLE

Je voudrais faire le lien entre les trois parties du débat, le débat politique, le débat sur le régime que nous voulons et le débat sur les relations internationales. Dans les trois cas le consensus n'existe pas sur le plan politique. Nous ne sommes pas sûrs que les partis politiques veulent jouer le jeu de la démocratie avant d'avoir le pouvoir et éventuellement s'ils l'ont. Notamment si on écoute les discours un peu contradictoires des partis islamistes. Sur la question économique, nous avons de temps en temps des partis politiques qui parlent de remettre en cause la libre entreprise et la libre propriété. Des partis politiques et une partie de la population parlent de l'Europe en tant qu'ancien colonisateur et lorsqu'on évoque la Banque mondiale, le FMI, les États-Unis et l'Europe, on parle d'impérialisme. Nous n'avons donc pas un consensus sur un avenir commun. Chacun pense représenter la majorité en attendant les élections et il est donc impossible d'instaurer ce consensus et c'est la difficulté en attendant les élections si elles ont lieu.

MODERATEUR : JEAN-FRANÇOIS DAGUZAN
Directeur de la revue Maghreb-Machrek, Maître de recherche à la FRS

Je pense que les élections auront lieu, en tout cas je l'espère. Après un papier que j'ai fait évoquant le Plan Marshall, je me suis fait accuser de colonialisme. Je donne la parole à la salle. Une question me dérange, mis à part deux problèmes : Lampedusa tout d'abord, dont nous ne connaissons pas encore les enjeux, les tenants ni les aboutissants. L'union du Maghreb, ensuite, qui suppose que, tant que le conflit algéro-marocain du Sahara occidental ne sera pas solutionné, le problème restera entier. Pourquoi la libre-circulation des capitaux et des marchandises est appliquée et pas la libre-circulation des individus? Le Maghreb n'a jamais été exigeant sur ce point.

LA SALLE

Je voudrais revenir sur la carte des IDE produits par Gouia, si on se souvient bien il y a le grand Tunis puis plus rien. La question est donc de savoir si, ensemble, nous pouvons reconstruire une autre carte des IDE ? Peut-on par ailleurs comparer les politiques que mènent l'Europe et le Japon avec leur voisinage immédiat ? Beaucoup de gens réfléchissent sur les raisons de la croissance économique des pays limitrophes du Japon qui est autrement plus importantes que dans les nôtres. Ne peut-on pas trouver dans ces expériences des pistes politiques alternatives à mettre en œuvre ensemble ?

LA SALLE

Ma question est la suivante : jusqu'à quand les Tunisiens seront-ils dépendants de l'Europe, il est vrai que nous en avons besoin, il est vrai que nous pouvons travailler en tant que partenaire mais il faut tirer des leçons et penser à d'autres partenaires, l'Afrique, la Chine, l'Inde et il est temps que les économistes réfléchissent dans ce sens.

MODERATEUR : JEAN-FRANÇOIS DAGUZAN
Directeur de la revue Maghreb-Machrek, Maître de recherche à la FRS

Il faut rappeler que c'est un processus qui a déjà commencé. Si vous regardez les chiffres de l'externalisation hors Europe des économies méditerranéennes, vous constatez que ce processus est déjà en marche. Un autre élément important que je souligne est qu'il n'y a pas inéluctabilité de la coopération. On a tendance à penser que le partenariat euro-méditerranéen est gravé dans le marbre, que le partenariat avec les pays de l'Est est définitivement acquis. Or, comme toujours dans les relations internationales, des intérêts stratégiques modifient les alliances. Entre l'Europe et les pays arabes, ce n'est pas irréversible. Des scénarios de rupture sont possibles. Ce que nous voyons aujourd'hui au sein de l'Union européenne, avec un questionnement sur les dettes grecque et irlandaise qui est allé à la limite de la rupture, peut nous faire très fortement réfléchir sur la fragilité des relations acquises, notamment pour quelque chose d'aussi structuré que l'Union européenne.

BENJAMIN BASTIDA
Université de Barcelone

Il n'y a pas une seule et unique Europe. Il y a l'Europe que nous voudrions, une Europe des peuples, une Europe de la culture, l'Europe sociale. Et il y a une autre Europe, financière et de l'énergie. L'un des enjeux de cette Europe, c'est la stabilité, notamment en Tunisie, le deuxième enjeu est l'énergie, qui provient du Nord de l'Afrique censurée.

LA SALLE

J'ai un avis un peu différent sur nos relations avec l'Europe puisque, actuellement, elle finance des programmes de mise à niveau de nos entreprises, un fonds de garantie des investissements. Elle met à la disposition des banques tunisiennes des lignes de crédit et elle nous donne un accès au marché. Ce que nous disent les Européens, c'est de définir ce que nous voulons. Il est donc important de définir un programme et de ne pas rester dans l'attente de l'aide de l'Europe. C'est une négociation, il faut donc définir nos attentes. En Europe, les décisions se prennent au niveau des entreprises, c'est donc à nous de négocier avec ces partenaires les programmes qui sont importants pour nous comme les infrastructures ou le solaire.

LA SALLE

Je voudrais rebondir sur deux remarques de M. Haddar qui m'ont interpellé. Il disait que le choix sociétal serait fait par ceux qui vont gouverner. Mais il ne faut pas oublier que nous serons dans une démocratie donc, en réalité, ce sera nous qui aurons à le déterminer car, en principe, ils ne seront que nos représentants. Par ailleurs vous avez aussi parlé de reconstruction de nos institutions. Je pense qu'il faut surtout que le système judiciaire fonctionne. Il faut faire disparaître l'impunité. Il ne s'agit pas de mettre des milliers de gens de côté mais qu'ils travaillent dans le cadre légal dans lequel nous croyons et qu'ils aient foi en la justice. Troisièmement l'Europe est notre partenaire privilégié mais il faut diversifier nos partenaires au sein de l'Europe, et ne pas se contenter de la France.

LA SALLE

Je parle ici en tant que président du Forum de Pensée Economique. Je pars d'un constat, qui est que l'ancien régime mafieux de Ben Ali nous amenait à une situation économique et sociale extrêmement fragile. Quel modèle de développement peut-on choisir à présent en tirant les leçons de cette expérience passée ? L'analyse interne que nous pouvons faire, c'est que l'ancien régime limitait l'action des banques de développement en direction des régions sur le plan social et à travers le développement régional. Le principal problème, c'est l'emploi et le développement régional comme P. Salama l'a souligné dans la matinée. Il faut établir une combinaison optimale entre une citoyenneté sociale et une citoyenneté économique. Or, nous n'avons aucune citoyenneté à l'heure actuelle. L'analyse externe que nous pouvons faire, c'est une analyse du dernier quart de siècle, période où nous avons assisté au passage d'une économie de développement à une économie de marché. Ce qui a abouti à une crise majeure depuis trois, quatre ans. Nous pouvons remarquer que le schéma d'économie de développement permettait une croissance à deux chiffres avec une création d'emplois manifeste mais une détérioration du pouvoir d'achat. Alors qu'avec le passage à l'économie de marché nous avons eu une croissance décélérée, une maîtrise de l'inflation et une amélioration du pouvoir d'achat. Il faut faire attention. Ce n'est qu'avec le modèle de développement intégré que l'on pourrait avoir une maîtrise des décisions, notamment politiques. Nous avons besoin, dans cette double transition politique et économique, d'un système politique qui pourra généraliser le système électoral au niveau régional, c'est-à-dire qu'il faudra conduire un processus de décentralisation qui nous permettra de maîtriser la décision politique.

JEAN-FRANÇOIS DAGUZAN
Directeur de la revue Maghreb-Machrek, Maître de recherche à la FRS

En mai 2011, la discussion ne fait que commencer sur la transition en Tunisie ; si l'on se réfère à l'expérience des pays de l'Est, elle prendra une bonne dizaine d'années au moins. Nous en sommes au tout début et notre perception et notre compréhension de l'événement changeront au cours du temps. Nous avons évoqué dans ces deux journées les multiples défis que doit relever la Tunisie. Nous sommes loin, très loin d'avoir épuisé la question mais on peut espérer que cette rencontre entre des économistes et des politologues qui confrontent leur compréhension des expériences de transition historiques avec celle en œuvre actuellement en Tunisie, aura apporté quelques éclairages utiles. Nous terminerons ces débats en ayant conscience que nous avons posé plus de questions qu'apporté de véritables réponses.

ANNEXE 1

LA TRANSITION ÉCONOMIQUE

CITÉ DES SCIENCES DE TUNIS

2-3 MAI 2011

PROGRAMME

Lundi 2 mai 2011

8h30-9h - Enregistrement des participants

9h-10h45 - Première Session
Tunisie : Quelle transition économique ?

1. Abderrazak Zouari (Ministre du développement régional) : Une nouvelle orientation sur le développement régional en Tunisie.

2. Hakim Ben Hammouda (OMC, Genève) : L'économie politique de la transition.

3. Mohamed Haddar (Président ASECTU) : Quelles pistes de réflexion pour unc transition économique pour la Tunisie démocratique ?

10h45-11h00 - Pause café

11h-12h45 - Deuxième Session
La transition démocratique à la lumière des expériences espagnole et bulgare.

4. Benjamin Bastida (Université de Barcelone) : La transition espagnole : Une *success story* ? Lumières et ombres

5. Jean-François Daguzan (FRS) : La transition démocratique en Espagne : un modèle générique ?

6. Vassil Garnizov (Université bulgare de Sofia) : Quelles leçons à tirer de l'expérience bulgare ?

12h45-14h30 - Pause déjeuner

14h30-16h15 - Troisième Session
Transition économique : Europe centrale et Géorgie

7. Bernard Chavance (Université Paris 7) : Économie et politique dans les trajectoires de changement social dans les pays d'Europe centrale

8. Éveline Baumann (IRD) : La Géorgie post-soviétique : deux décennies d'incertitudes

9. Georges Mink (CNRS, Sciences-Po-Paris, collège de l'Europe) : Bilan de la transition politique en Europe centrale.

16h15-16h30 - Pause café

16h30-18h15 - Quatrième Session

De la dictature à la démocratie : rupture ou compromis ? Les cas du Portugal, de la Grèce et de la Roumanie

11. Sophia Mappa (Université Paris Est) : La transition démocratique est-elle la seule alternative aux dictatures militaires ? L'éclairage de l'expérience grecque.

12. Alexandra Ionescu (Université de Bucarest) : Les déboires d'un succès politique : la transition démocratique roumaine

13. Abdeljabar Bsaies (Université Tunis El Manar) : Révolution, Contre-révolution et période de transition.

Mardi 3 mai 2011

9h-10h45 - Cinquième Session
Transition politique, économique et culturelle

14. Sadok Belaid (Université de Carthage) : « Révolutions » politiques, « Révolutions » économiques : quelles perspectives ?

15. Werner Gephart (Käte Hamburger Kolleg) : Transition et constitution des sociétés démocratiques : Réflexion autour d´un colloque international organisé à Bonn (29 et 30 avril 2011)

16. Guy Hermet (Science Po-Paris) : Des transitions latines aux révolutions arabes

10h45-11h00 - Pause café

11h-12h45 - Sixième Session
Transition économique (Tunisie, Amérique latine et Bulgarie)

17. Ridha Gouia (Université El-Manar) : Quel rôle doit jouer l'investissement étranger dans le développement en Tunisie ?

18. Pierre Salama (Université Paris XIII) : Les transferts monétaires sont-ils nécessaires, sont-ils suffisants pour diminuer la pauvreté ?

19. Petia Koleva (Université Paris VII, LADYSS) : Transformations économiques et intégration européenne : le cas de la Bulgarie

12h45-13h45 - Synthèse et clôture du séminaire
Jean-Yves Moisseron (IRD)

16h00-18h00 - Table ronde : Leçons à tirer des expériences internationales.

ANNEXE 2

PARTICIPANTS

BASTIDA Benjamin (Université de Barcelone)

BAUMANN Éveline (IRD)

BECKOUCHE Pierre (CIST)

BELAID Sadok (Université de Carthage)

BEN HAMMOUDA Hakim (OMC, Genève)

BSAIES Abdeljabar (Université Tunis El Manar)

CHAKER Samira (Vice-présidente de l'ASECTU)

CHAVANCE Bernard (Université Paris 7-Denis Diderot)

DAGUZAN Jean-François (Fondation pour la Recherche Stratégique, Paris)

GARNIZOV Vassil (Nouvelle Université Bulgare, Sofia)

GEPHART Werner (Käte Hamburger Kolleg, Bonn)

GOUIA Ridha (Université Tunis el Manar, Tunis)

HADDAR Mohamed (ASECTU, Tunis)

HERMET Guy (Sciences Po-Paris)

IONESCU Alexandra (Université de Bucarest)

KOETSENRUJTER Adrianus (Ambassadeur et chef de Délégation de l'UE en Tunisie)

KOLEVA Petia (Université Paris 7 Diderot, LADYSS, Paris)

MAPPA Sophia (Université de Créteil, DelphAgora)

MESTIRI Ahmed (Ambassadeur et ancien Ministre)

MINK Georges (Directeur de Recherche au CNRS, Sciences Po – Paris)

MOISSERON Jean-Yves (Chercheur IRD, Directeur adjoint du GIS-CIST)

SALAMA Pierre (Professeur émérite de l'université de Paris XIII)

TANASESCU Sorin-Mihail (Ambassadeur de la Roumanie en Tunisie)

ZOUARI Abderrazak (Ministre du Développement régional)

ANNEXE 3

Autres ouvrages des éditeurs scientifiques

Mohamed HADDAR

Haddar M., *Réformes institutionnelles et développement économique et social au Maghreb*, PS2D, FSEGT, 2006.

Haddar M., « Les OMD et le Maghreb », *Millennium Objectives for Development Proceedings*, PS2D, FSEGT, 2009.

Haddar M., *La Politique Européenne de Voisinage et le Maghreb*, PS2D, FSEGT, 2008.

Haddar M., *Macroéconomie* (Deuxième Édition), CPU, Tunis, 2006.

Haddar M., *La Politique Européenne de Voisinage et les pays maghrébins*, Imprimerie Nationale, Tunis, 2006.

Haddar M., *Macroéconomie : Analyse des comportements*, CPU, Tunis, 1999.

Jean-Yves MOISSERON

Moisseron J.-Y. - *Le partenariat euro-méditerranéen*, PUG, Grenoble. Prix de la Société de Géographie. 2007.

Cogneau D., Marniesse S. et Moisseron J.-Y. (dir.), *Marché du travail et compétitivité en Afrique sub-saharienne*, Économica, Paris. 1999.

Moisseron J.-Y. et Nagla El Ahwany (dir.), *The Euromed Partnership, Ten Years after Barcelona*, Presse de l'Université du Caire, Le Caire.

Boudhiaf M. et Moisseron J.-Y. (dir.), *Mondialisation, ouverture et société de la connaissance en Méditerranée*, IRD-Horizons, Le Caire.

Moisseron J.-Y. (éd.), « L'Égypte : démocratisation et mondialisation », *Maghreb-Machrek*, n° 182, Hiver 2004.

Moisseron J.-Y. et Raffinot M. (dir.), *Dette et pauvreté, solvabilité et allégement de la dette des pays à faible revenu*, Ed. Économica, Paris. 2000.

Gastellu J.-M., Moisseron J.-Y. et Pourcet G. (dir), *Fiscalité, développement et mondialisation*, Maisonneuve et Larose, Paris. 1999.

L'HARMATTAN, ITALIA
Via Degli Artisti 15; 10124 Torino

L'HARMATTAN HONGRIE
Könyvesbolt ; Kossuth L. u. 14-16
1053 Budapest

ESPACE L'HARMATTAN KINSHASA
Faculté des Sciences sociales,
politiques et administratives
BP243, KIN XI
Université de Kinshasa

L'HARMATTAN CONGO
67, av. E. P. Lumumba
Bât. – Congo Pharmacie (Bib. Nat.)
BP2874 Brazzaville
harmattan.congo@yahoo.fr

L'HARMATTAN GUINÉE
Almamya Rue KA 028, en face du restaurant Le Cèdre
OKB agency BP 3470 Conakry
(00224) 60 20 85 08
harmattanguinee@yahoo.fr

L'HARMATTAN CAMEROUN
BP 11486
Face à la SNI, immeuble Don Bosco
Yaoundé
(00237) 99 76 61 66
harmattancam@yahoo.fr

L'HARMATTAN CÔTE D'IVOIRE
Résidence Karl / cité des arts
Abidjan-Cocody 03 BP 1588 Abidjan 03
(00225) 05 77 87 31
etien_nda@yahoo.fr

L'HARMATTAN MAURITANIE
Espace El Kettab du livre francophone
N° 472 avenue du Palais des Congrès
BP 316 Nouakchott
(00222) 63 25 980

L'HARMATTAN SÉNÉGAL
« Villa Rose », rue de Diourbel X G, Point E
BP 45034 Dakar FANN
(00221) 33 825 98 58 / 77 242 25 08
senharmattan@gmail.com

L'HARMATTAN TOGO
1771, Bd du 13 janvier
BP 414 Lomé
Tél : 00 228 2201792
gerry@taama.net

Achevé d'imprimer par Corlet Numérique - 14110 Condé-sur-Noireau
N° d'Imprimeur: 88472 - Dépôt légal: juin 2012 - *Imprimé en France*

www.ingramcontent.com/pod-product-compliance
Lightning Source LLC
LaVergne TN
LVHW010926061026
849535LV00007B/2253